追憶の暁星

中村能盛／著

くまがい書房

本書の目次

	ページ番号
序章　研究の背景．本書の目的と構成．	3

第1章　19世紀のフランスの国語教育．マリア会の創設と教育活動の考察．	5
1節　19世紀のフランスの国語教育と国語教科書の変遷．	5
2節　19世紀のフランスでのマリア会の活動．	11

第2章　暁星学園の開学．フランス語教育の変遷．文法教科書の分析．	18
1節　マリア会の来日．暁星学園の設立．	18
2節　黎明期（1888年から1899年）の沿革．	22
3節　近代（1900年から1945年）の沿革．	23
4節　現代（1946年から現在迄）の沿革．	26
5節　フランス語文法教科書と文部省検定済英語教科書の共通点．	27
6節　フランス語文法教科書の変遷(19世紀後半／近代／現代)．	32

第3章　フランス語講読教科書 *Cours élémentaire*, *Cours moyen* の分析．	46
1節　出版開始と紙面改訂の謎．	46
2節　マリア会国語教科書 *Premier livre de lecture* からの変容．	56
3節　オリジナルテクストに掲載されたフランス国内の地理と自然の描写．	65
4節　オリジナルテクストに掲載された機械文明の描写．	70
5節　マリア会の教育理念と *Cours élémentaire*, *Cours moyen* との関連性．	78
附録1　*Cours élémentaire*．1904年（初版）から1906年（第2版）迄の作品概略．	99
2　*Cours élémentaire*．1909年（第3版）から1940年（第11版）迄の作品概略．	102
3　*Cours élémentaire*．1953年（第12版）の作品概略．	103
4　*Cours moyen*．1904年（第5版）の作品概略．	104
5　*Cours moyen*．1909年（第6版）から1974年（第14版）迄の作品概略．	110

第4章　明治時代のフランス文学受容．*Cours supérieur* の分析．東京大学文学部仏文学研究室における文学教育と *Cours supérieur* の関連性．	115
1節　明治時代のフランス文学受容．	115
2節　*Cours supérieur* の紙面分析．	119
3節　*Cours supérieur* の書誌内容と東京大学文学部仏文学研究室で実施された仏文学講義との関連性．	129

終章　本書の総括．	139
あとがき．	140

序章　研究の背景．本書の目的と構成．

　1888 年、フランスに総局を置いていたカトリック系修道会・マリア会は、フランス語教育の普及とカトリック教育普及の為、5 名の修道士達を来日させてマリア会日本管区の設置と暁星学園[1]を開学した。暁星学園は現在も高等教育機関が存在せずに幼児から中等教育迄の教育機関にも関わらず、開学から 20 世紀中期にかけては特にフランス文化普及とフランス語教育に重点を置いた学校だった為、渡辺一夫、朝倉季雄、白井浩司、野村二郎、朝吹亮二といったフランス語学研究者、及びフランス文学研究者を輩出した。

　そして 1950 年代から 1960 年代迄は暁星学園の卒業生から、上記の研究者達が寄稿した文芸雑誌『暁星文学』を刊行していた。

　加えて暁星学園のフランス語教育において特筆すべき事項の 1 つとして、フランス語教科書の刊行が挙げられよう。開学して 8 年後の 1895 年、文学作品の原文を紙面に掲載した *Choix de lectures françaises cours intermédiaire* を刊行して以来、20 世紀に入ると講読教科書 *Choix de lectures françaises* はシリーズ化されるようになり *Cours élémentaire, Cours moyen, Cours supérieur* の 3 種類を刊行し始めた[2]。

　Cours élémentaire は講読教科書の入門編として、教科書執筆者によるオリジナルのフランス語の散文を 1 項目につき 2 分の 1 ページから 1 ページ程度の分量を掲載し、基礎的な構文解釈を修得させる為の教科書である。*Cours moyen* は現時点で最新版の第 14 版（1974 年刊行）の紙面では、1 項目につき 1 ページから 3 ページ程度のオリジナルの散文作品を中心に、ヴィクトル・ユゴーやラ・フォンテーヌ等の文学作品の原典からの抜粋も 1 部掲載した教科書である。*Cours supérieur* は紙面の全てが 17 世紀から、20 世紀前半迄の作家の作品の抜粋のみで構成された教科書である。

　しかしながら *Cours élémentaire* と *Cours supérieur* は、それぞれ 1953 年と 1956 年に刊行を中止した。現在も高校では第 1 外国語の授業にフランス語を開設し、大学入試の為の受験フランス語に対応したカリキュラムを組んでいる。*Cours*

---

[1] 1888 年の開学から現在迄、暁星は時代により 3 つの名称が存在する。「暁星学校」（1888－1898）。私立学校令により文部省の認可と認定を受けて「暁星中学校」（1899－1947）が設立された。1948 年に文部省から、高等学校設置の認可を受けて暁星学園と改称。翌年、「暁星高等学校」が設立された（1948－現在）。本書では総称して「暁星学園」と表記する。

[2] 本書では、講読教科書を *Cours intermédiaire, Cours élémentaire, Cours moyen, Cours supérieur* と略記する。

moyen だけは戦後も改訂及び改版を行い、1外フランス語の授業で使用されている。

更にマリア会の修道士であったエミール・ヘックは現在の東京大学文学部に仏文学研究室を設置して以来、1891年から1921年にかけて、初代主任教官として講義及び学生への研究指導を行っていた。

このような状況を鑑みると、暁星学園で近代から現代迄に生じたフランス文化表象は、20世紀のフランス語教育、及びフランス文学研究に大きな貢献を果たしてきたと思われる。

しかしながら、過去の研究史を調査しても、上述の研究内容をフランス文学研究、及びフランス語教育研究の範疇で検証された形跡は皆無に等しい。

本書ではマリア会がフランスで行った教育と教科書の分析、来日した修道士達が刊行を行ったフランス語講読教科書と文法教科書の分析、そしてマリア会の修道士であったエミール・ヘックが東京大学文学部仏文学研究室の設置から退職迄の間に主任教官として実施したフランス文学講義の解明を試みる。

暁星学園のフランス語教育を中心とした文化表象の分析を行う事により、フランス文学研究及びフランス語教育学の分野に新たな研究領域を構築させる事を目的とする。

第1章 19世紀のフランスの国語教育．マリア会の創設と教育活動の考察．

1節 19世紀のフランスの国語教育と国語教科書の変遷．

　本節では、2節で考察する暁星学園の母体となるカトリック系修道会・マリア会による教育機関でのフランス語教育とフランス語教科書の特徴を浮かび上がらせる為に、マリア会が教育活動を行うようになった19世紀のフランス国内の教育と国語教科書について概説する[3]。

　1833年にギゾー法と呼ばれる「初等教育法」が制定された[4]。制定の結果、フランス全土に初等教育機関が設置されるようになった。ギゾー法の初等教育の事項を下記に掲載する。

　　L'instruction primaire et élémentaire comprend nécessairement l'instruction morale et religieuse, la lecture, l'écriture, les éléments de la langue française et du calcul, le système légal des poids et mesures. L'instruction primaire supérieure comprend nécessairement, en outre, les éléments de la géométrie et ses applications usuelles, spécialement le dessin linéaire et l'arpentage, des notions des sciences physiques et de l'histoire naturelle applicables aux usages de la vie, le chant, les éléments de l'histoire et de la géographie, et surtout de l'histoire et de la géographie de la France[5].

　　道徳宗教教育、読み方、書き方、フランス語と計算の初歩、法定度両衡制を含む。上級初等教育は更に必ず幾何学の初歩とその日常的応用、とくに線画、土地測量、生活の為の自然科学と博物学の基礎知識、歌、歴史と地理、とりわけフランスの歴

---

[3] 本節ではフランス国内における教育史の考察時期を、本書の分析対象の1つとなる「*Choix de lectures françaises* シリーズ」が影響を受けたと思われる国語教科書 *Le livre de lecture courante* が刊行されるようになったギゾー法制定期（1830年）から、政教分離を施行したフェリー法制定期迄とする。そしてフランス国内のマリア会は初等教育段階を対象にした教科書だけを刊行していた為、考察対象を初等教育だけに限定する。

[4] 梅津 悟監修・世界教育史研究会編『フランス教育史2』講談社、1975年、p. 31

[5] Paul Chevallier et B. Grosperrin, *L'enseignement français de la Révolution à nos jours2,* 1971, p. 121

史と地理の初歩を含む[6]。

　制定者である文相フランソワ・ピエール・ギョーム・ギゾーは、道徳即ち宗教を教育に包括させていた事が伺える。
　ギゾー法以前の国語の教科書に関しては、厳密には教科書の体裁を取らず、17世紀の思想家フェヌロンによる教育小説『テレマックの冒険』が使用されていた[7]。その後、1836 年から国語の読本教科書 *Le livre de lecture courante* が刊行されるようになった[8]。
　筆者が BNF や国内の各大学図書館で文献を調査したところ、1836 年以降は上述の類書に相当する *Livre de lecture* または *Premier livre de lecture* と題した教科書が 20 世紀初頭迄にかけて、数多く出版されている事が確認出来た。
　それでは *Le livre de lecture courante* の紙面に掲載されていた散文が如何なる内容であったのか[9]。紙面の 1 部分を確認したい。

> Travaux agricoles du mois d'avril.
> Monsieur Guillaume. Bonjour, mes amis, c'est moi qui vous rends visite aujourd'hui. Vous êtes venus me voir hier dans mon champ : c'est là le véritable domicile de l'agriculteur. Il est convenable que je vienne à mon tour vous voir chez vous, à l'école : c'est là que vous semez pour recueillir. Monsieur l'instituteur, vous voulez bien me permettre, n'est-ce pas, d'interrompre un instant votre leçon?
> Le Maître. Certainement, monsieur Guillaume. Ces enfants ont grand plaisir à vous voir ; car vous avez toujours quelques chose d'utile à leur apprendre[10]。

　4 月の農作業
　ギュイヨーム：やあ、おはよう。今日、あなたを訪問しているのは私です。あなたは昨日、私の畑を確認しに来ました。それはまさに農民の本当の住所です。私は順番であなたのところへ学校に来るべきですね。あなたが収穫する為に蒔いたのがそれです。先生、あなたはもちろん、すぐれた授業を中断させる事をしたくはないで

6　筆者訳

7　André Chervel, *L'histoire de l'enseignement du français du XVIIe au XXe siècles,* 2008, pp. 465-466

8　Ibid., p. 468

9　同書は 1833 年に初版が刊行されているが、BNF に所蔵されている最も古い版は初版ではなく 1851 年刊行の為、1851 年版を本書で使用する。

10　Th. Lebrun, *Le livre de lecture courante*, 1851, p. 6

しょう?
　教師:これらの子供達があなたに会える事は大きな喜びです。というのは、あなたは常に彼らに教えると役立つ、かなりの事を身に付けています[11]。

　農民と学校の繋がりを描いた会話体の本文は、初等教育がギゾー法以降に都市部だけではなく農村地帯を含め全国に普及していった事を、教科書の紙面に鮮明に描写している。
　Le livre de lecture courante は 364 ページの分量で、歴史や教訓、コントを題材にした散文が全部で 60 項目、掲載されている。そして「6 月 29 日。サンピエールとサンポール祭」の項目にはイエス・キリストが文中に登場する[12]。また文学作品からの抜粋はないが「牧羊犬」では 18 世紀の博物学者ビュフォンの散文が引用されている[13]。つまり「牧羊犬」を掲載する事で、ギゾー法の法令文書に記載されている「生活の為の自然科学と博物学の基礎知識」を教科書に包括している事が把握出来る。
　ギゾー法の制定後、公・私、男・女、基礎・上級、その他、あらゆる種類の初等学校の総数は、1832 年に 42,000 校、1837 年に 53,000 校、1840 年に 52,000 校、1843 年に 60,000 校、1848 年に 63,000 校であり、そこで学ぶ子供達の数は 1832 年に 200 万人であったが、1848 年には 350 万人に達した事から[14]、フランス全土に教育体制の初期段階の地盤が固まった成果が伺える。
　次にカルノー法からファルー法制定迄の経緯とファルー法の特徴を考察する。2 月革命が勃発した結果、1842 年にフランスは第 2 共和政に突入する。公教育大臣は、ギゾーが議席を譲りイポリト・カルノーが担当するにようになった。
　1848 年 6 月 30 日にカルノー法が制定されるが、1 ヶ月足らずでカルノーは失脚してしまう。次に公教育大臣を務めたのは、フレデリック・アルベール・ファルーである。そして 1850 年にファルー法が制定される。ファルー法の初等教育を下記に掲載する。

　　L'enseignement primaire se divise en deux degrés. Le premier degré comprend l'instruction morale et religieuse, la lecture, l'écriture, le calcul et le système légal des poids et mesures. Le second degré complète ces connaissances et y ajoute : les éléments de la langues française ; l'arithmétique appliquée aux opérations pratiques ; des notions sur

---

11　筆者訳

12　Ibid., pp. 364-367

13　Ibid., pp. 348-352

14　梅津 悟監修・世界教育史研究会編『フランス教育史 2』講談社、1975 年、pp. 40-41

l'histoire de France et la géographie; des instructions élémentaires sur l'agriculture, l'industrie et l'hygiène ; l'arpentage, le dessin linéaire; le chant et la gymnastique[15].

　初等教育は2段階に分割されている。第1段階では道徳及び宗教教育、読む事、書く事、計算および度量衡の法定単位系。第2段階ではこれらの知識と更に以下を含む事が出来る。道徳及び宗教教育、読む事、書く事、フランス語初歩、計算および度量衡の法定単位系、四則計算に適用する算術、生活の用途に可能な物理、博物学の基礎知識。農業、産業、衛生についての初歩知識。土地測量、水準測量、事物描写、体育と歌[16]。

ファルー法も国語に関する項目はギゾー法と同一であった。それでは、ファルー法制定後の国語教科書の紙面には、どのような散文が掲載されていたのか。1854年に刊行された *Premier livre de l'adolescence ou exercices de lecture et leçon de morale* を直訳すると『青少年の初等読本すなわち読み方と道徳の課題練習』であるが、19世紀の国語教科書は道徳を含めた内容の教科書が多数、存在していた。紙面の最初の項目は Dieu である。

> Dieu a créé le ciel et la terre et tout ce que le ciel et la terre renferment. Il a fait tout ce que nous voyons et ce que nous ne voyons pas, les petites choses et les grandes, l'insecte sous l'herbe et le soleil au haut des cieux. J'ai vu cet astre s'avancer brillant et majestueux, répandant des torrents de lumière. J'ai vu dans l'obscurité des nuits le ciel semé d'étoiles aussi nombreuses que les grains de sable sur le bord de la mer. J'ai entendu mugir les vents et gronder l'orage, et la voix du tonnerre a retenti à mon oreille. J'ai observé la marche des saisons ; j'ai vu, au printemps, la terre pousser les germes des plantes, puis les plantes grandir à la chaleur de l'été ; puis le grain mûrir dans l'épi, et le fruit rougir sur l'arbre ; puis, à l'automne, les fruits tomber dans la main de l'homme, et ses granges se remplir pour les longs jours de l'hiver[17].

　神は閉じこもった天と地の全て、そして空と地上を産み出しました。神は私達が見ている全ての事と、私達が見ていない些細な物と大きな物、空の頂上の太陽と草

---

15 André Chervel, *L'Enseignement du français à l'école primaire : textes officiels concernant l'enseignement primaire de la Révolution à nos jours*. tome I, 1791-1879. INRP, 1995, p.166

16 筆者訳

17 M. Delapalme, *Premier livre de l'adolescence ou exercices de lecture et leçon de morale*, 1854, pp. 3-5

の陰に隠れた虫を産み出しました。私は光のほとばしりを投げかけながら、輝きながらおごそかに突き出ているこの星が見えました。私は夜の暗がりに、大多数からなる海岸の砂粒と同じく、天がまいた星を見ました。私は風が唸り、そして雷雨がとどろくのを聞こえました。そして雷鳴が自分の耳に鳴り響きました。私は季節の経過を観察しました。春に私は地面に植物の芽が生え、それから夏の暑さで成長し、それから種子が穂の中で実らせ、果物が木の上で赤くなり、それから私には果物が人間の手の中に陥り、そして納屋には冬の長い日々の為にいっぱいにするのが見えました[18]。

ファルー法時代の国語の教科書の特徴を端的に示すとすれば、ギゾー法以上に教科書の紙面にキリスト教つまり宗教の内容を教科書の中に含有させている点である。「Dieu（神）」の次の項目の「Le soleil（太陽）」の文中には「太陽とは神である[19]」と記載している事から、当時の国語教科書にはキリスト教の知識を生徒達に習得させようという意図が伺える。教科書の紙面の内容からも明らかな通り、ファルー法が初等教育の国語にもたらした成果は、カトリックを中心としたキリスト教教育を含有させた事である。

ファルー法の制定から20年後、1870年に普仏戦争が勃発し、プロイセン王国とドイツ連邦と戦ったフランスは翌年に敗北する。その結果、アルザス、ロレーヌをドイツ側へ割譲させる事を余儀なくされた。

フランスの敗北を受けて国民は立ち上がってパリ・コミューンが起こり、第2帝政の時代は終焉を迎える事になった。そしてパリ・コミューンが崩壊した後、フランスの政治体制は第3共和政に突入する。

1875年に第3共和政憲法制定が施行された[20]。教育改革に関しては、当時の首相ジュール・フェリーによるフェリー法が1882年に成立された。フェリー法の特徴は、初等教育を無償化、義務化、世俗化させる事によって、第3共和政の概念を国民へ広く植えつけるのに決定的な役割を果たした点であった[21]。

フェリー法による世俗化により、修道士達による教育はフランス国内で禁止された。次節で論述するが、この出来事は1810年代から教育活動を行っていたマリア会にとって大きな痛手となる。

フェリー法の制定により国語の教科書には、如何なる散文が掲載されたのか。

---

18 筆者訳
19 Ibid., p. 8
20 梅津 悟監修・世界教育史研究会編『フランス教育史2』講談社、1975年、p. 336
21 飯田伸二 「フランス語から〈国語〉へ―第三共和政におけるフランス語教育と小学校教員養成―」、『国際文化学論集』、2002年、p. 1

筆者が入手した 1883 年に刊行された *Le premier livre de lecture ou exercice pour faire suite a l'étude des tableaux* の紙面の最初の項目は、「L'école（学校）」である。

    Allez à l'école, enfant, allez-y assidùment, car c'est là que l'on acquiert le savoir indispensable à l'homme pour devenir un bon citoyen. Pour aimer la patrie d'un amour vraiment élevé, nous devons commencer par lui donner en nous des citoyens dont elle n'ait[sic] pas à rougir, dont elle puisse au contraire se faire honneur. L'éducation est le lien d'une nation comme l'uniforme est le lien d'une armée[22]。

    学校へ行こう（子供よ）。熱心にそこへ行こう。そこは人々にとって善良な市民になる為に必要不可欠な知る事を獲得するからだ。高尚な真の愛で祖国を愛する為、市民の我々から赤面してはならず、逆に自慢出来るように示す事から始めなければならない。教育は軍服が軍隊の絆であるように国民の絆である[23]。

フェリー法制定後の教科書には、それ迄のキリスト教に関する言葉が一切登場せずに「善良な市民」、「高尚な真の愛で祖国を愛する」という言葉が掲載された所以は、普仏戦争の敗北を受けて、初等教育の段階から強烈な祖国愛を生徒達に抱かせる為であろう。

以上、1830 年代から 1880 年代迄のフランスの国語を中心とした初等教育を概括したが、普仏戦争の敗北が分岐点となってキリスト教やカトリック系修道会を巻き込んだ大幅な教育改革が行われた事を確認した。

次節では、1810 年代から教育活動を開始したマリア会の教育活動とマリア会が刊行した教科書の紙面内容と改訂について考察する。

---

22 N. Chéron, *Le premier livre de lecture ou exercice pour faire suite à l'étude des tableaux*, 1883, pp. 7-8
23 筆者訳

2節 19世紀のフランスでのマリア会の活動.

　前節で概説した通り、19世紀のフランスにおける国語教育はギゾー法時代と、「政教分離」を行った19世紀後半のフェリー法時代では、国語教科書の紙面の内容に大きな違いが生じた事を確認した。本節では最初に暁星学園の母体となるカトリック系修道会・マリア会が19世紀に誕生した事を考察する。

　マリア会の創立者はボルドーのギエンヌ学院で神学を学ぶギョーム・ヨゼフ・シャミナードであった。

> 1789年7月14日の大暴動に端を発した大革命により、宗教破壊の嵐が吹き荒れた。1790年7月に聖職者を国家の公務員として従属させようとする『聖職者市民憲章』が制定された。フランス全土の司祭は署名を余儀なくされたが、シャミナードは拒否した。フランス政府から迫害を受けたシャミナードは1797年にスペインのサラゴサへ亡命した。1799年11月、ナポレオンはクーデターを起こし、第1統領となり、教会は再開され国外追放された司祭達が祖国に帰還する事が出来た。[...]シャミナードは1800年10月にボルドーに戻った[24]。

　上述に記載された内容に基づけば、シャミナードは宗教迫害を招いたフランス革命自体に嫌悪感を抱いていた事に疑問の余地はない。そしてシャミナードは、それ迄の古典主義の思想を重視し、逆にフランス革命を引き起こす原因となったルソー、ディドロ、ヴォルテールといった啓蒙思想に対して嫌悪感を抱いていた事が伺える。古典主義時代、啓蒙思想時代のフランス文学作品と、19世紀後半から暁星学園で刊行を開始したフランス語講読教科書との関連性については、第4章で論究したい。

　ナポレオンの政策により、フランス・ボルドーに戻ったシャミナードのその後の宣教活動を確かめると、「1800年に、ギョーム・ヨゼフ・シャミナードは「聖母青年会」を結成した[25]」と記載されているが、聖母青年会の概念は「あらゆる階層、境遇、年齢層の人から成り [...] 民主主義の原理をキリスト教で実践し、社会全体を改善する戦闘的キリスト者の養成を目的にしました[26]。」と記載され

---

24 辻清『暁星創立七十周年記念号』暁星学園、1958年、p.4　漢数字は算用数字に書き改めた。以降、本書では書名とページ番号のみを掲載する。

25 木寅義信『暁星学園と築地居留地』マリア会日本地区本部、2010年、p.6
以降、本書では書名とページ番号のみを掲載する。

26 木寅義信『「マリアニスト家族」の創始者福者・ギョーム・ヨゼフ・シャミナード神父』、2000年、マリア会日本地区本部、p.27　以降、本書では書名とページ番号のみを掲

ている事から、学校での教育活動を目的とするのではなく、宣教活動を目的としていた。

マリア会日本管区の資料には宣教を行った聖母青年会から、教育活動も併せて行うマリア会の成立に至る迄の事情を裏付ける文章が記載されている。

> 大革命後すでに10数年を経た1816年2月29日の王室布告では、「教師は授業に十分な読み書き算数を知るべきこと」が要求されているが、コンペイレーが言うところによれば大部分の教師は、その最底線にさえ達していなかった。20数年を経た1821年6月11日、パスキエー子爵が下院議院で行なった演説によれば、大革命によって、2万5000、すなわち全フランスの3分の2の学校が破壊されたまま、教師もなく修復もされず放棄されていた。[...] シャミナード師は、右のようなフランス社会を、キリスト教的世界観に立った知識と道徳を青少年に授けることによって更生させようとして、20年近い歳月を、その研究と熟考にささげ、実現の機会の到来を待った。そうして、1817年10月2日、ようやくマリア会を創立したのである[27]。

聖母青年会からマリア会の創立迄に15年近い歳月を費やしていた所以は、シャミナードが読み書きの出来ない子供達の為に、キリスト教の教えに則した教育方法を編み出す為であった。1817年にマリア会が創立されるが、修道士の養成時期の最終段階である修練期には「教育に対する誓約[28]」を学ばせていた事からマリア会の特徴は、修道士を志願する若者達に対して神学者であると同時に教育者として育成させる事であった。引き続き創立者のシャミナードが、マリア会の創立からフランスで学校経営を行うようになった経過をたどって行く。

> 1819年6月、シャミナード師が、ボルドー市、メニュー街に初めて15名の生徒をもって事実上、中学校を開いて以来 [...] ボルドー市を中心とするフランス西南部に5ヵ年で15の学校が発足した。[...] マリア会がアルサスにはいったのは、1823年、コルマール市の主任司祭マインブルグの招きに応じ、シャール・ロテアが3名の会員と出発した時に始まる。1827年からは漸次ここを根拠に周囲を開拓し、44年までに少なくとも8つの学校をその中央部に創設することになる。[...] 1845年、シャミナード師が、長くかつ変化に富んだ総長職をカイエ師に譲った時は、250

載する。なお、漢数字は算用数字に書き改めた。
27 カトリック・マリア会『日本マリア会学校教育綱領』マリア会日本管区本部、1963年、p.2 漢数字は算用数字に書き改めた。以降、本書では書名の『日本マリア会学校教育綱領』とページ番号のみを掲載する。
28 『「マリアニスト家族」の創始者福者・ギョーム・ヨゼフ・シャミナード神父』、p.3

名の会員、4つの中学校、32の小学校、2つの職業学校、1つの師範学校、6つの修練院が復興されていた[29]。

マリア会の教育活動はフランスの南西部の街・ボルドーから始まった。ボルドーで学校事業を発展させた後に、フランスの北東部のアルザス地方で教育活動を行うようになったが、その事情は「アルザス地方にはメルシアン（Ignace Mertian）という神父がいました。彼は「キリスト教教理の修道会」を設立したばかりでしたが、修練院を充実させる為、マリア会員の応援を依頼しました[30]。」とマリア会の資料に記載されている。しかしながら 7 月革命による修道会の弾圧によりマリア会による教育活動は 1833 年迄、制限を余儀なくされた。

7月革命も終焉を迎えた1840年代の時点で、初等教育を中心に39校の学校を経営していた事から、修道会を経営及び維持する為には学校教育を同時に行なわなければならかった事が、上述の資料から伺い知る事が出来る。

数多くの初等教育機関においてマリア会は教育活動を行っていたが、マリア会の記念誌には初等教育機関向けの教科書について下記のような記載があったので、記述内容を確かめたい。

A l'été de 1851, M. Fontaine réunit à Bordeaux pendant six semaines les principaux Directeurs de la Société, et des conférences qu'il tint avec eux naquirent une Méthode d'enseignement, première ébauche du Manuel de pédagogie à l'usage des Frères de la Société de Marie, et divers classiques. A cette époque, il n'existait encore aucun de ces manuels qui encombrent actuellement le marché de la librairie. De bonne heure, les Frères marianistes s'étaient mis à l'œuvre : syllabaires, méthodes de lecture et de grammaire, cours de calligraphie, manuels et exercices d'arithmétique étaient venus peu à peu aider le travail des maîtres. A partir de 1850, les « classiques S. M. », fruits de l'expérience, se multiplièrent, et, se perfectionnant au cours de leurs éditions successives, ont contribué à former de nombreuses générations d'élèves[31].

1851 年の夏、フォンテーヌ氏はボルドーで、6 週間、（マリア）会の主な校長を集めた。そして彼が彼らと共に開催した会議では、教育理論、マリア会の修道士達向けの教育学手引きの最初の草案、様々な教科書等が生まれた。この時期は現在、出版社の市場を飽和状態にしているこれらの教科書が、まだ存在していなかった。

---

29 『日本マリア会学校教育綱領』、pp. 4-10
30 『「マリアニスト家族」の創始者福者・ギョーム・ヨゼフ・シャミナード神父』、p. 53
31 E. J. Sorret, *La Société de Marie*, 1930, p. 126

早い時期からマリア会修道士達は著作の仕事に取り掛かり始めていたのだった。音節、読み方と文法の手引き、書法の授業、数学の練習問題と教科書等が少しずつ、教師達の仕事を助けようとしていたのだった。1850年以降、経験の産物であるマリア会教科書[32]は増加し、相次ぐそれら（教科書）の校訂途中で改善されていき、生徒達の度重なる世代を養成するのに寄与された[33]。

「1850年代から刊行を開始した」と記述しているがこの時期は1節で概説した通りファルー法が制定されていた。つまり宗教教育が国家の制定の枠組みの中に含有された時期でもあった。
　それでは、マリア会が1850年代にフランスで刊行し始めた国語教科書はどのような特徴を孕んでいるのだろうか。
　フランス国立図書館に所蔵され、同図書館のWEBサイト・Gallicaで閲覧出来る1866年刊行 *Premier livre de lecture A L'usage des Écoles primaires de la Société de Marie*[34]の紙面内容を確かめたい。教科書の最初の項目に掲載された散文「1. L'enfant raconte les premières heures de sa journée（子供が1日の最初の時間を叙述する）」を下記に掲載する。

> Je dors toute la nuit. Je m'éveille au point du jour. Je fais aussitôt le signe de la croix. Je me lève promptement. Je m'habille. Je me lave la figure et les mains. Je prie le bon Dieu à genoux. Je dis le bonjour à papa et à maman. Je déjeune. Je vais à l'église. J'arrive à l'école pour la classe[35].

> 僕は毎晩、眠りにつきます。明け方に目覚めます。すぐに十字の印を切ります。迅速に起床します。服を着ます。顔と手を洗います。ひざまずいて立派な神様にお祈りをします。お父さんとお母さんに挨拶をします。朝食を取ります。教会へ行きます。授業の為に学校へ到着しました[36]。

最初の項目の散文には「十字の印」、「神様」、「お祈り」、「教会」等、教科書を

---

32 S. M.は「マリア会」の略称であり、classiquesは教育用語として使われた「教科書」を示す。
33 筆者訳
34 著者名は不明。本書では *Premier livre* と略記する。
35 *Premier livre*, 1866, p. 5
36 筆者訳。なお原文には（Je）「僕は」が多用されていたが、和訳部分では最初の一行以外は割愛した。

読解させる事により、生徒達を福音に導こうとしている狙いが伺える。前節のギゾー法時代に出版された教科書の最初の項目と比較しても、キリスト色が非常に強い。次に検討する散文は教科書の紙面の2番目に掲載された「2. Les enfants à l'école（学校での子供達）」である。

> La cloche sonne. Le maître est présent. Les élèves arrivent. Ils se mettent en rangs. Ils saluent leur maître. Ils vont en classe. Tous récitent la prière. Le maître raconte. Il instruit. Il interronge. Il ordonne. Les élèves écoutent. Ils répondent. Ils obéissent. Les élèves sont sages. Le maître est content d'eux. La classe est finie. Les élèves retournent[37]。

> 鐘が鳴ります。先生がいます。生徒達がやって来ます。彼らは横並びになります。彼らは先生に挨拶をします。彼らは教室に行きます。皆がお祈りを唱えます。先生は話をします。彼は（子供達に）教えます。彼は質問をします。彼は命令をします。生徒達は聞きます。彼らは返事をします。彼らは（先生に）従います。先生は彼らに満足しています。授業が終わります。生徒達は帰って行きます[38]。

Premier livre の1と2の項目を結合して解釈するならば、1人の少年の学校生活を叙述した内容であり、教室での出来事がマリア会の経営する初等教育段階の授業の様子を綴った内容と仮定するならば、授業前に祈りを行う行為はカトリック系学校独特の風習である。

Premier livre のテクスト内容については第3章で後述するが、必ずしも紙面に掲載された全てがキリスト教に関する散文を掲載しているのではなく、動物の習性を紹介した「Des animaux（動物達）」、教訓を帯びた内容の「Ne jetez pas de pierres（投げてはいけない）」、季節毎の風景を描写した「L'hiver（冬）」等も掲載されていた。

次に *Premier livre* の改版と改訂について考察する。フランス国内に保存されている最古の版である1866年版以降は、紙面の散文の内容は一切、変更されていない。

国内には *Premier livre* の11版（出版年月日は書籍に記載されていない為、不明）が同志社大学に所蔵されているが唯一、変化した点は、各項目の散文に挿絵が付加された点である。そして出版年月日が記載された最後の版は、フランス国立図書館所蔵の1881年刊行の第7版であり、ジュール・フェリー法が制定された年である。しかしその後も出版年月日は不明であるが、第11版迄は刊行され

---

37 Ibid., p. 6
38 筆者訳

ている。

　1897年から1898年にかけてのマリア会の年次報告書 *Le Messager*[39]には、マリア会が編集した教科書についてごく僅かではあるものの「我々にとって、しかし教科書への問題は慣例集によって規制されている[40]」と言及していた事から、1897年頃迄は、フランス以外のベルギーやスイスのマリア会で使用された事が推測出来る。

　次に、1881年前後のフランス国内におけるマリア会の活動に関して『マリア会日本渡来八十年』に記載されているので、教育活動と宣教活動の状況について確認する。

　　多くの文明国の中でフランスほど、戦争、革命、政変が多く、勅令や法律によって学校政策に変遷があり、マリア会員が外国に難を避けて他国のマリア会学校の発展に因をなした例は少ない。幾多の試練を経ながら19世紀の4半世紀を迎えたマリア会は、第4代総長シムレルの時代で、マリア会が諸国に空前絶後の伝播をした時代であったが、それは同時に仏国内部における宗教教育の自由のもっとも多く犯された時代であった。1870年普仏戦争に敗れたフランスはアルサス・ローレーンをドイツに割譲したのであるが、1874年のビスマルクのクルツールカンプ、修道者による教育禁止、マリア会のアルサス放棄、1878年ローマンの演説の結果仏国マリア会の学校15校の即時閉鎖命令、1882年フェリーの勅令「ライシテー」、1886年10月30日の法律によるマリア会会員の公立学校からの追放、ついに1903年マリア会に対する国家の非合法宗教団体宣言と全財産の没収……。こうして多くの会員は捕えられて還俗を迫られ、あるいは地下にかくれ、あるいは外国に逃れ、総本部はベルギー国ニウェールに移らざるを得なかったのである[41]。

　1880年代のフランスでは国家の政策で、カトリック系修道会が冷遇されていた事が伺える。しかしマリア会は本部をベルギーへ移管させて宣教活動を行っている。

　修道会を消滅させずにベルギーに移管させた理由は、フランスでの宣教活動と教育活動に見切りをつけて、残された熱心な会員達の為に全世界への宣教活動と教育活動を行う為であった。

39　Pierre Lebon, *Le Messager* 1, 1897-1898, p. 99
40　Pour nous, d'ailleurs, la question des classiques est réglée par le Coutumier.
41　マリア会日本管区本部『マリア会日本渡来八十年』マリア会出版部、1968年、p.25　漢数字を算用数字に書き改めた点を除けば、原文通りに表記した。
以降、本書では書名の『マリア会日本渡来八十年』とページ番号のみを掲載する。

マリア会の資料によれば、「1887年のマリア会の会議で新天地をイタリアやスペイン、そして東洋に求める[42]」と記載されている事から、マリア会の活動の矛先は日本へと向けられるようになった。
　次章では来日したマリア会修道士達による暁星学園の開学、開学から戦後迄のフランス語の授業光景、フランス語文法教科書等についての分析を試みる。

42　『暁星学園と築地居留地』、p. 2

第2章　暁星学園の開学．フランス語教育の変遷．文法教科書の分析．

1節　マリア会の来日．暁星学園の設立．

本節から 4 節迄はマリア会の来日、修道士達によって開学したばかりの頃の暁星学園から現代迄の教育課程とフランス語の授業実態について分析を試みる。

序章で記載した通り、暁星学園はカトリック系修道会であるマリア会が教育と布教活動を行う為に来日し、1888 年に設立された私立学校であった。来日迄の様子を確認したい。

> 1875 年、パリ外国宣教会からマリア会に対し日本への派遣要請が行われた。[...] 1887 年 2 月 5 日、マリア会総本部は日本への宣教を全会員に知らせた。そして同年 9 月、日本に派遣される 5 名を決定した。[...] 1 人目は 26 歳のアルフォンス・ヘンリック神父[43]で、5 名の中のリーダー格であり来日後、暁星学園の初代校長を務めた。2 人目はニコラ・ワルテル神父[44]で 25 歳。唯一のアメリカ人だったが、フランスへの留学経験があった。3 人目はアルザス地方出身のジョセフ・セネンツ修道士[45]であった。36 歳の時にアルザス地方のコルマールからアメリカに渡り、デイトン市のマリア会養成所の校長となり、若い修道士や志願者を養成していた。4 人目はルイ・ストルツ修道士[46]であった。暁星の開学間もない頃は、フランス語のみならず音楽の授業も担当していた。5 人目はカミーユ・プランシュ修道士[47]であった。[...] 1887 年 11 月 20 日、ヘンリック神父、ストルツ修道士、プランシュ修道士はマルセイユ港を出発した。アメリカ・サンフランシスコからはワルテル神父、セネンツ修道士が出港し、12 月 21 日に先立って横浜に到着した。フランスから出発した 3 名は 1888 年 1 月 4 日に横浜港へ到着した[48]。

マリア会が日本に派遣した修道士は僅か 5 名であった。ベテランの神父ではなく若い修道士を派遣していた事から、恐らくマリア会総本部の方針は、長期的に日本で教育活動と布教を行う事が成功するとは思わずに、実験的に派遣を試

---

[43] Alphonse Heinrich

[44] Nicolas Walter

[45] Joseph Senentz

[46] Louis Stoltz

[47] Camille Planche

[48] 『暁星学園と築地居留地』、pp. 3-4

みていたのだろう。

そして 5 名の中に、アメリカ国籍の修道士と、アメリカに留学していたフランス人修道士が含まれていた事から、総本部の思惑として、来日後にフランス語の語学教育だけではなく、英語の語学教育も実施させようとしていた事が推測出来る。

日本に到着後、5 名の修道士は如何なる行動を取ったのだろうか。

　　来日した 5 名は神田にあった神田教会に宿泊していた。しかし神田教会は手狭だったので、パリ外国宣教会のオズーフ司教から築地明石町の東京教区神学校を提供され、1888 年 2 月 1 日、マリア会の小さな学校が設立された。入学者はフランス人 1 名、ポルトガル人 2 名、日本人 3 名であった。間もなく学園の場所を築地から麹町へ移転させた。カリキュラム、制服はマリア会の学校でパリにあった聖スタニスラス学院[49]を使用した。問題は校名であった。校名に関して、漢字 2 文字でマリア会の精神と理念を表すことは日本語がまだ習得出来ていないマリア会員にとって課題であった。幸いパリ外国宣教会の神父で僧侶からキリスト教に改宗した三島[50]の提案により「暁星」と決まった。「マリアを通してイエス・キリストへ」はマリア会の標榜であり、太陽（イエス・キリスト）に先立って輝く「暁の星（聖母マリア）」が、学生たちをイエス・キリストに導くマリア会の思想と合致した校名であった[51]。

上述のように、来日した 5 名の修道士だけで学校を開学したのではなく、既に来日していたパリ外国宣教会の修道士の協力と、フランス語が理解出来る日本人の協力によって開学に成功した。

開学当時、暁星学園は社会人向けに夜間部を設置していたが、フランス語の授業光景は下記の通りに記録されていた。

　　Ces jeunes gens arrivent sans savoir un seul mot de français ou d'anglais. Pour les faire entrer la première fois dans la salle, j'ai employé le langage universel des signes. Ils avaient l'air de me comprendre, mais ils restèrent à la porte. Je réitérai mon invitation une première et une seconde fois, alors seulement ils se sont décidés à entrer. C'est l'habitude japonaise de se faire prier trois fois avant d'accepter une offre. De là une nouvelle cérémonie après leur entrée en classe : trois courbettes successives à angle droit, auxquelles il faut répondre sous peine de passer pour impoli. Je les ai priés par signe de s'asseoir : encore trois invitations.

---

49 École Saint-Stanislas
50 三島のフルネームは複数の学園誌を使って調べてみたが、掲載されていなかった。
51 『暁星学園と築地居留地』、pp. 4-5

Enfin les voilà assis et installés, la classe va commencer ; mais comment va faire ? Ils ne comprennent pas. Aussi je ne dis rien. Je vais en silence au tableau noir et avec la craie j'écris : a, e, i, o, u, y. Je prononce successivement les lettres lentement, distinctement. Ils répètent les sons et nous étudions ainsi l'alphabet. A la même leçon, je leur mets un livre sous les yeux ; ils essaient de lire ; je corrige leur prononciation. Voilà mon premier cours fini[52].

　　これらの若い人々はフランス語あるいは英語の 1 つの単語も知らずに到着している。最初に部屋へ彼らを入れさせる為に、私は普遍的な言葉、合図を使った。彼らは理解していたようであったが、しかし扉にとどまった。私は1度、2度招待を繰り返した。その時、ようやく彼らは入ろうと決心した。申し出を受け入れる前に3 回頼まれるのが日本の習慣だ。部屋へ入った後に、そこから新たな儀式、3 度の相次ぐ直角な大げさなお辞儀に、無礼にならないように返答しなければならない。とうとうそこに座り、落ち着かせ、授業を始めようとする。しかしどうすれば？彼らは理解してない。同じく私は何も言わない。私は黙って黒板に行き、チョークでa、e、i、o、u、yと書く。私は次々にゆっくりと、はっきりと文字を発音する。彼らは音を反復して、そして私達はこのようにアルファベットを学習する。同じ授業で私は彼らの眼前に本を置く。彼らは読む事を試す。私は彼らの発音を直す。このようにして私の最初の授業は終わった[53]。

明文化された文章に則れば、開学当時のフランス語の授業は学生と教師のコミュニケーションが出来ていなかった事が伺える。当時の夜間部には、社会人学生も在学し、永井荷風と藤田嗣治も通っていた。

開学当時の昼間部の教育プログラムは如何なる内容であったか。教育課程を解き明かしたい。

外国語を重視した学園であった為、フランス語と英語の授業時間数が圧倒的に多い。この点は、白百合学園と類似している。

開学期の暁星学園の外国語教育で特筆すべき点は、英語とフランス語のみならず、ドイツ語とラテン語の授業も開講していた事である。更に外国語の授業を重要視するだけではなく、現在の国語に相当する漢学、哲学の授業も開講していた[54]。

続いて開学当時は、如何なる教材を使用していたのか。『マリア会日本渡来八十年』には当時の教材が記載されていた。

---

52 Joseph Vernier, *La société de marie au Japon*, Chaminadegakuin, Tokyo, 1933, pp. 4-5
53 筆者訳
54 『マリア会日本渡来八十年』、p. 74

フランス語
S・M『仏文典』、1887
S・M『仏文法温習書』、1887
S・M『読本』、1887
英語
カッケンボス『英文典』、1887
サッドクルス『英文典』、1887
キルムール『読本』、1887
ドイツ語
ウエンネ『独文典』、1887
ウエンネ『独文典温習書』、1887
アーヌ『メトード』、1887
ラテン語
ローモン『ラテン文法』、1885
ローモン『温習書』、1885
S・M『ラテン大家文集』、1882
哲学
S・M『哲学』[55]

　これらの書物が日本で刊行された書物かどうかに関しては、全国の大学図書館と国会図書館の蔵書検索では所蔵書物が存在しない為、確認する事が出来なかった。日本で出版されていないものだとすれば、恐らく前述の通り、パリにあるマリア会の学校である聖スタニスラス学院が使用していた書物だろう。そして5名の修道士達が来日時に持参して、使い回していたと思われる。

55　同書、pp. 72-73

2節　黎明期（1888年から1899年）の沿革．

　1888年2月に第1期6名の学生が入学した。第1期学生の内訳は、ポルトガル公使の子弟2名、日本に常駐していたフランス陸軍大尉の子弟2名と海軍技師の子弟1名、ポルトガル人1名、1889年には日本人学生が28名入学した[56]。

　1890年から1895年迄、在学した山本信次郎は当時の暁星学園の教員とフランス語の授業光景について、以下のように証言していた。

　　－開学当時日本人教師はいたか？日本語による授業は行われていたか？
　　山本　日本人の先生といへば、數學の先生と國漢の先生、それだけだつたかも知れない．
　　－日本人の教師もフランス語で教えていたのか？
　　山本　國漢だから日本語であるので、一年だけ日本人が別にやった。二年目から国語も仏蘭西語を使い、二年目から西洋人と一緒になって授業を受けた。初めは何を言はれたつて少しも分らなくて、辛かった。併し六カ月ばかり経つと理解でき逆に日本人の成績が良かった[57]。

　マリア会の会員5名が来日してから2年後、現在の東京都千代田区九段下に暁星学園を移転させた。1888年から1897年迄の暁星学園は、文部省認定の学校法人ではなく、各種学校の扱いであった。

　しかし1898年10月13日、文部省から暁星学園へ認可が下りた。以降、国内の官公立中学と同等の特権が与えられ、正式名称を「私立暁星中学校」と改称した。しかし文部省は認可及び認定の替わりに暁星学園内に在学している外国人学生を他の学校に転校させる事を条件とした。

　暁星学園側は在学していた外国人学生の為に、横浜に姉妹校「セント・ジョセフ学園」を設立させて、外国人学生を転校させる事に成功した[58]。

　開学から1898年の10年間にフランスから日本へマリア会の会員46名が来日した。修道士達は暁星学園のみならず、旧制高校、旧制帝国大学でフランス語ならびにフランス文学の講義を担当するようになった[59]。

56　『暁星七十周年記念号』、pp. 5-6
57　暁星学校『会報11』1936年、pp. 6-7
58　『暁星七十周年記念号』、pp. 8-10
59　Joseph Vernier, *La société de marie au Japon*, Chaminadegakuin, Tokyo, 1933, pp. 172-173

3節　近代（１９００年から１９４５年）の沿革．

　文部省認定の学校となった暁星学園は1890年代後半から1学年につき150名程度の学生が在学するようになった。それ迄の小人数制で、外国人学生も半数以上在学していた頃と異なり、100名以上の日本人学生に対してフランス語を習得させる為に、暁星学園は独自にフランス語文法教科書、ならびに講読教科書、そして単語帳を刊行するようになった。日本の高等教育段階のみならず中等教育段階の学生も対象にしたフランス語教科書を刊行したのは戦前、戦後を通して暁星学園のみであった。

　認可、認定後の暁星学園のフランス語の授業光景は如何なる状態だったか。1900年4月から1911年3月にかけて在学（小学校から中学校迄）していたフランス文学研究者・山内義雄は以下のように証言していた。

> 　大きな教室の一方では作文が課されてゐて、その組の連中が一所懸命首を捻つてゐると、他の組の生徒は五六人が前の方に引張り出され、そこの壁に掛けた大きな發音表の額のまへで一齊に發音の稽古をやらされてゐた。そして發音の組の先生には、古參の生徒が當つてゐるのだった。鳥の巣や團栗の畫の描いてある古風なフランスの發音表を前にして、長い竹の先で一つ一つの言葉を指して讀ませて行く、そうした「先生代理」の中で、特にハツキリ覚えてゐるのはミタツ（故伊澤三辰）だつた。[...]　一旦「先生代理」になると、實に「血も涙もない」ミタツに變つて、Minos, Rhadamanthe の威を恣にした。Papa, Bébé, Nid, Chat なんて、下手に發音しようと思つても出來さうにない字に至るまで、十四五遍も讀み直させられたことがあつたらしい[60]。

　山内の同級生または上級生でフランス語を得意としていた学生が、教務補助的役割を務めていた事が伺える。しかし山内は暁星学園で実施されたフランス語の授業内の「発音の明晰性」について客観的に見解した内容に関して、夫婦が日本人とフランス人であった学生が、フランス語の発音を行った時の出来事を中心にして、下記のように回想していた。

> 　彼が或る時暗誦の番に當つて、お母さん仕込みの流暢なフランセーで抑揚鮮やかに《 Peu à peu la nuit s'en va 》の一句を言つてのけた時に始まる。[...] そこへ突然この情味豊かな peu à peu に出會つて、僕達は文字通りに驚倒させられた[61]。

60　暁星学校『会報　8』、1932年、pp. 7-9

61　同書、p. 9

山内義雄は暁星学園を卒業後、東京外国語学校から現在の京都大学へ進学し、フランス文学研究者となった。暁星学園の卒業生からフランス文学研究者、あるいはフランス語学研究者を輩出した人数は必ずしも多くはない。何故ならば哲学そして文学について専門的な授業を行っていなかったからであろう[62]。

　フランス文学研究者であった渡辺一夫は暁星学園に 1908 年 4 月から 1919 年 3 月迄、在学（小学校から中学校迄）していた。1914 年から 1919 年頃の中学におけるフランス語の授業光景について回想した文章を元に考察する。

> 　この学校では、フランス人の先生たちが、フランス語で地理や歴史まで教えられて居たのだが、僕が中学校へ入った頃 (1914 年) は、もうそういう制度はなくなり、日本人の先生の方が多く、フランス人の先生たちは、主として外国語の授業だけを担当していた。アンリ・アンベルクロード先生[63]から習ったフランス語の授業では、先生がローマ字で書かれた教案を日本語で読まれ、時折フランス語を交えていた。[...] 当時からフランスの小説に興味を持っていた私は、アルフレッド・ミュッセの小説を読んでいたら、lupanar という字が出てきた。当時、まだ白水社から『標音仏和辞典』(1931 年) も出ていない頃だったので、どうしてもこの意味が分からなかった。アンベルクロード先生に、暁星のフランス語教科書の巻末に載っていない単語は、先生に意味を聞き洋書を読解していった[64]。

　渡辺一夫は暁星中学から第一高校を経て東京大学に進学し、卒業後はフランス文学研究者となった。回想録から、1910 年代の暁星学園のフランス語教育について 3 つの事が把握出来る。

　1 点目は、1888 年の開学からおよそ 25 年が経過した 1914 年頃は既に外国語の授業のみをフランス人教師が担当し、それ以外の科目は日本人の教師が担当していた事である。

　2 点目は、1910 年代の暁星学園が行っていたフランス語の授業は、フランス

---

62 筆者が 2011 年 9 月に取材した 1935 年卒業の画家兼元・美術教師の井上慎も「私が在学していた当時の暁星学園はフランス文化史に関する紹介は授業中に行われていたが、フランス文学に深く関わる授業は皆無だった。今にして思うと暁星学園はフランス語の授業を実施していたのでフランスの哲学、文学に関する専門の授業を設置していれば面白い学校になっていたと思う。しかし文学や哲学の基礎を含めたフランス文化の内容を掲載したフランス語講読用教科書を使って、訳読の授業を行っていた」と証言している。

63 Henri Humbertclaude

64 『暁星創立七十周年記念号』、pp. 54-56

人教師が担当していたが、教師は日本語の読解、会話に長けていた事である。渡辺の回想録に登場するアンリ・アンベルクロードは 1908 年に来日していた[65]。そして渡辺が授業を受けた 6 年後には、アンベルクロードは授業で日本語を使っていたと記載している。

3 点目は 1910 年頃、現代に通じるカタカナ表記または発音記号が掲載された辞書は大辞典を除き、持ち運び可能な仏和辞書が国内では発売されていない時代だった為、学生は一般書店で発売されていた暁星学園のフランス語教科書（文法ならびに講読を含む）の巻末に記載されている単語集を辞書替わりに使っていたのが一般的だった事である。

1930 年代の暁星学園のフランス語教育について、画家・井上慎（1935 年卒業）に筆者が取材時の証言が下記の記録となる。

> 既に私が旧制・暁星中学に進学した時、学生寮制度は衰退していました。マリア会の修道士を志している学生、または地方出身者の一部の学生が寄宿していて、残りの学生は自宅から通学していました。カトリック系の学校ですが一般学生に対して、礼拝をする制度はありませんでした。中学に入学して 3 年目に第 1 外国語をフランス語、または英語のどちらかを選択していましたが、受講生の割合は半々でした。ほぼ毎日フランス語の文法と講読の授業を実施し、文法の授業では「*Cours complet* シリーズ」を使っていました。*Premier livre* は私の世代では使用していません。講読では *Cours élémentaire* とフランス国歌が成立に至るまでの物語を掲載していた *Cours moyen* を使用していました。当時の学校方針は学生に、大学の予科や旧制高校への進学する事を推奨していました。フランス語で受けられる旧制高校は、一高、浦和、静岡、福岡、東京高校等です。旧制時代は 5 年間ですが、4 年目で進学が決まると 4 年間で卒業する同級生も中にはいました。フランス語の授業は全てフランス人で、ほとんどがアルザス出身者です。どこで習得されたのか分かりませんが、フランス人教師は日本語による会話と文章が日本人と遜色ないほど、上手だったのには驚きました[66]。

1930 年代には、開学時期の伝統だった寮に寄宿する制度はなくなり、修道士を養成する事よりも旧制高校、または大学の付属高校の進学に備えた学校へと変化していた。また使用されていた教材は、1935 年の時点迄は文法教材として「*Cours complet* シリーズ」を、そして講読教科書として *Cours élémentaire* と *Cours moyen* を使用していた事が判明した。

---

65 同書、p. 54
66 2011 年 9 月 21 日実施の取材より

4節　現代（１９４６年から現在迄）の沿革.

　第 2 次世界大戦が開戦となった 1940 年から 1945 年にかけて、学生として暁星学園（旧制中学）に在学し、戦後の 1950 年代から 1966 年迄、暁星学園のフランス語教諭として在職していたフランス語教育学研究者・野村二郎に、学生時代と教諭時代の暁星学園のフランス語教育について取材を行った。

　野村の回答によれば「1941 年から 45 年迄在学していた当時、フランス語の授業は年々、減少していき、4 年目の 1945 年 3 月に突然、全員が卒業扱いとなった。私が教諭として赴任した 1950 年以降、全ての学生はフランスの哲学、思想、文学の知識を習得する事よりも、4 年制大学受験の対策としてフランス語を習得していった[67]。」と証言している。

　野村が教諭として在職していた頃、国内の教育制度は旧制から新制に切り替わり、暁星学園は附属の高等学校を設置した。「フランス文化を紹介しつつ、大学受験科目としてのフランス語教育」という、現在の暁星学園のフランス語教育が築き上げられた。

　次節では暁星学園が刊行したフランス語文法教科書について分析する。

67　2011 年 8 月 16 日付筆者宛の私信

5節　フランス語文法教科書と文部省検定済英語教科書の共通点．

　1896年に刊行されたフランス語文法教科書『仏語初歩[68]』の特筆すべき点は、現在の文法教科書の原型となる構成を呈している点である。各課の初めに例文を提示させ、次に新しい文法事項を日本語で解説し、10個程度のフランス語の新出単語とそれに対する日本語を掲載した後、練習問題、長文の和訳、最後に作文を掲載していた。

　戦前の校誌ならびに、戦後に刊行された記念誌には、フランス語教科書の生成過程については記載されていなかった。

　筆者は「暁星学園の『仏語初歩』が、当時の文部省検定済の英語の文法教科書の構成に影響を受けて執筆された」と推測している。従って本節では、同時期に刊行された文部省検定済の英語教科書との比較を行い、共通項を抽出する事によって、この仮説を実証したい。

　英語教育史学会所属の研究者達による『英語教育史資料　英語教科書の変遷』には、1890年から戦後の検定済み英語教科書の書名、著者名、出版社名、発売年月日が一覧表として掲載されている。

　一覧表から1890年から95年迄に発行された合計20冊の英語文法教科書の内容を確認したところ、暁星学園のフランス語文法教科書の構成と酷似している英語の文法教科書を発見した。

　その教科書は崎山元吉が執筆した1893年刊行の『英語教授書[69]』である。この教科書は日本で初めての横書きで、日本語による解説付きの英語教科書であった。

　最初に名詞の複数、不定冠詞、定冠詞の例文と解説の比較を試みたい。

　　（名詞の複数）
　　『英語教授書』
　　第五教
　　名　　詞
　　單數　　　　　　　複數
　　the book　　書物　　the books　書物等

68　暁星学校『仏語初歩』暁星学校、1896年
以降、本書では書名の『仏語初歩』とページ番号のみを掲載する。
69　大村喜吉・高梨健吉・出来成訓編集『英語教育史資料』「第3巻英語教科書の変遷」東京法令出版、1980年のp.234によれば、著者・崎山元吉/発行年度1893年6月29日/文部省検定済年度は1896年と記載されている。

the pen　　　筆　　　　the pens　　筆等
the house　　家　　　　the houses　家等

（注意）日本語ニテ名詞及代名詞ノ 複數ヲ示スニ一定ノ語ナキヲ似テ己ヲ得ス數ヲ示スニ（等）ナル辭ヲ附スルヲ似テ注意ス可シ[70]. [...] （説明） 單數トハ一個ノモノヲ云ヒ 複數トハ二個以上モノヲ云フナリ．日本語ニハ單複ノ區別殆ントナシト云フモ可ナリ（河々．山々．子供達チ）ト複數ヲ示ス語アルモ僅々タルニ過ギズ英語ニテハ二個以上モノニ在リテハ必ズ複數ノ語ヲ用ユ而シテ其複數ヲ作ルニハ單數名詞ノ語尾ニ S ヲ附スルヲ通則トス然レドモ尚ホ其他ニ複數ヲ作ルノ法アルヲ以テ漸次ニ説明ス可シ[71].

『仏語初歩』
第三課
名詞ノ複數[72]
12.　一般ノ規則．名詞ヲ複數ニナスニハ單數名詞ニ附加スルニ *s* ヲ以テス[73].
EX : le jour, 　les jours　　　　　日　　hi ;
　　　la nuit, les nuits　　　　　　夜　　*yoru;*
　　　l'ouvrier, les ouvriers　　　　職人　*syokunin;*
　　　l'hameçon, les hameçons　釣針　*tsuribari*[74]

（不定冠詞）
『英語教授書』
第二教
a 及ヒ an ノ用法
（説明）不定冠詞ヲ用ユルニ其冠詞ノ次ギニアル辭ノ初メニ子韻アルキハ a ヲ用井母韻ノアルキハ an ヲ用ユ例ヘハ a　pen, an　apple ノ如シ然レドモ hour ノ h ノ如ク發音ナキモノニハ an ヲ用ユル例トス．
a dog　　　犬．　　　　　　Yes　　　　然リ．左様．

---

70 本文中の（注意）と（説明）の間に、単数名詞と複数名詞の例文が記載されていたが、省略した。
71 崎山元吉『英語教授書』1893 年、p. 7
以降、本書では書名の『英語教授書』とページ番号のみを掲載する。
72 各課の題名は日本語とフランス語で記載されていたが、日本語のみを表記する。
73 解説部分には日本語と同じ内容がフランス語で記載されているが、日本語のみを表記する。
74 『仏語初歩』、p. 11

a horse　馬.	No	否．イーエ．
a cat　　猫．	What?	何ヲ
an apple　林檎.	not	不．非．ヌ[75]．

　『仏語初歩』

第一課

6.佛語ノ名詞ニハ男性女性ノ二種アリ．又單數複數ノ二數アリ

第二課

7.冠詞ハ名詞ノ前ニ置カレ其性ト數トヲ帯ビテ示シ又名詞ガ或ル定マリタル意味ニ用ヒラレタル丁ヲ示ス小サキ詞ナリ

8.冠詞ニハ定冠詞ト不定冠詞ノ二種アリ

11．不定冠詞ハ單數男性名詞ノ前ニハ un トナリ單數女性名詞ノ前ニハ une トナリ複數兩性名詞ノ前ニハ des トナル

例

un frère, une sœur, des frères, des sœurs;

un lion, une lionne, des lions, des lionnes;

un jardin, une maison, des jardins, des maisons[76].

　（定冠詞）

『英語教授書』

第四教

the　ソノ．コノ．アノ

（説明）the ハ定冠詞ト稱シテ事物ノ一定セル義ヲ表示ス即チ（此ノ其ノ彼ノ）ナル意ナリ故ニ（ソノ．コノ．アノ）ト假名ヲ用井タル所ニハ此冠詞ヲ用ユ可シ[77]．

　『仏語初歩』

第二課

9.定冠詞ハ單數男性名詞ノ前ニハ le トナリ單數女性名詞ノ前ニハ la トナリ複數兩性名詞ノ前ニハ les トナル

EXEMPLE

le frère,	兄弟	la sœur,	姉妹
le lion,	牡獅子	la lionne,	女獅子

75　『英語教授書』、pp. 2-3

76　『仏語初歩』、pp. 7-8

77　『英語教授書』、pp. 5-6

le jardin,　　　庭　　　　　la maison,　家
10. a, e, i, o, u, y 等ノ母字叉ハ無聲ノ h ヲ頭ニ戴ケル詞ノ前ニハ le ノ e ト la ノ a ヲ去リ之ニ代フルニ略字點（'）ヲ以テス．故ニ
le ami ノ代リニ l'ami
le homme ノ代リニ l'homme
la année ノ代リニ l'année[78]

『英語教授書』と『仏語初歩』の2冊共に、解説の文章は極めて短い。従って『仏語初歩』の解説箇所は『英語教授書』の解説を模倣して、フランス語の名詞特有の性の区別に関する解説を付加させ、作成していた事が伺える。

次に新出単語の比較を試みたい。最初に『英語教授書』の第一教から第四教（名詞、不定冠詞、定冠詞）に掲載されている名詞を表記し、そして3年後に刊行された『仏語初歩』の第一課から第二課（名詞、名詞の性の存在、不定冠詞、定冠詞）に掲載されている名詞を、下記に新字体で表記した[79]。

　　『英語教授書』　新出単語
　　「本」、「家」、「ペン」、「庭」、「包丁」、「犬」、「馬」、「猫」、「リンゴ」、「兄弟」、「姉妹」、「将校」、「兵士」[80]

　　『仏語初歩』
　　「人間」、「女性」、「子供」、「犬」、「猫」、「本」、「花」、「木」、「少年」、「馬」、「街」、「河」、「父」、「母」、「兄弟」、「牡ライオン」、「牝ライオン」、「祖母」、「少女」、「姉妹」、「牡牛」、「叔父」、「息子」、「牡鶏」、「にわとり」、「学校」、「頭」、「叔母」、「王」、「家」、「歴史」、「椅子」、「年」、「神」、「キツネ」、「木」、「友人」、「月」、「太陽」[81]

『英語教授書』に掲載されている名詞数は13個であった。そして『仏語初歩』に掲載されている名詞数は39個であった。2冊に共通して掲載されている名詞は「本」、「家」、「庭」、「犬」、「馬」、「猫」、「兄弟」、「姉妹」の8個である。

上記の通り、『英語教授書』に掲載されている名詞（共通言語は日本語）の半分以上が3年後に刊行された『仏語初歩』に掲載されていた。

---

78 『仏語初歩』、pp. 7-8
79 『英語教授書』ならびに『仏語初歩』に記載された人名、地名等、固有名詞は省略して表記した。
80 『英語教授書』、pp. 1-6
81 『仏語初歩』、pp. 3-10

名詞の複数、不定冠詞・定冠詞、新出単語を比較した結果、暁星学園のフランス語文法教科書『仏語初歩』の執筆者は、1893年に刊行された『英語教授書』を参考資料の1冊として模倣し、文法教科書を執筆していたと解釈出来よう。

6節　フランス語文法教科書の変遷（１９世紀後半／近代／現代）．

　本節では暁星学園刊行のフランス語文法教科書から19世紀後半の『仏語初歩』、戦前の *Cours complet de langue française cours élémentaire*[82]、戦後の *Premier livre de français*[83]、以上の3冊を取り上げ、文法項目の内容、解説と例文を中心に分析を試みたい。

　フランス語の学習開始時に習得する事が必須の学習項目から、Avoir と Être（動詞の活用を含む）、形容詞、否定形、疑問形、複合過去の6項目を抽出して分析対象とする。

　最初に Avoir と Être（動詞の活用を含む）の項目に関する変遷を確かめたい。

　1. Avoir
　『仏語初歩』
　Leçon　V　第五課
　Avoir　持ツ┐
　J'　ai
　Tu　as
　Il　a
　Elle　a
　Nous　avons
　Vous　avez
　Ils　ont
　[...]
日本語ノ持ツテ居ル，持ツテ居マス，持チマスヲ翻譯スレバ持ツト同ジ事ニ成ル[84]

　Cours Complet
　AVOIR　有スル，持ツ　（附録の動詞變化表を見よ）
　PRESENT（現在）

| J'ai | 私ハ……持ツ | Nous avons | 我等ハ…… |
| Tu as | 汝ハ…… | Vous avez | 汝等ハ…… |

---

82 Emile Heck, *Cours complet de langue Française cours élémentaire*、三才社、1927年（第14版）　以降、本書では *Cours Complet* と略記し、書名とページ番号のみを表記する。
83 Albert Haegeli, *Premier livre de Français*、暁星学園、1962年（第13版）を使用する。
以降、本書では *Premier livre* と略記し、書名とページ番号のみを表記する。
84 『仏語初歩』、pp. 24-25

Il a 彼ハ……　　　　　　Ils ont 彼等ハ……
Elle a 彼女ハ……　　　　Elles ont 彼女等ハ……
[...]
VERSION
J'ai un cheval. Tu as une chaise. Il a un bœuf. Marie a un chat. Elle a une fleur.
Thème
私ハ家ヲ有ヰテイマス．彼ハ本ヲ有ヰテイマス．君ハ犬ヲ有ヰテイマス[85]．

Premier livre
PREMIÈRE LEÇON　第一課
VOCABULAIRE　A　単語
un livre 一冊の本　un crayon 一本の鉛筆　un cahier 一冊のノート
un canif 一本のナイフ　Est-ce que... ...ですか？　Oui はい、そうです
Verbe <u>avoir</u> 動詞 <u>持つ</u>
J'ai　　　　　私は…持っています
Tu as　　　　君は…持っています
Il a　　　　　彼は…持っています
elle a　　　　彼女は…持っています
Taro a　　　　太郎は…持っています
nous avons　　私達は…持っています
vous avez　　あなた方は…持っています
ils ont　　　　彼らは…持っています
LectureA　読方
J'ai un livre. Taro a un cahier. Vous avez un crayon. Il a un canif. Est-ce que vous avez un crayon ? Oui, monsieur, j'ai un crayon.
[...]
Thème1　和文仏訳
1.あなたは（一冊の）ノートを持っていますか？ 2.はい、私は（一冊の）ノートを持っています．
3.太郎は（一冊の）本を持っていますか？[86]

『仏語初歩』では動詞の活用は、簡略化されていた。後述する過去時制の扱い方で顕著に表れているが、上述の解説の箇所には、日本のフランス語教育の黎明

---

85 *Cours complet*、p. 6

86 *Premier livre*、p. 3

期ならではの時制に関する説明が曖昧な部分があった。

20世紀に入り『仏語初歩』は *Cours complet de langue françaises cours élémentaire* という副題を付加させた。数年後に刊行されるようになった初級、中級、上級の3種類で構成された「*Cours complet* シリーズ」では、動詞の活用が巻末に掲載され、時制の説明が未習得の項目には日本語による解説が記載されるようになり、加えて Version（和訳）と Thème（作文）の練習問題が付加されるようになった。

戦後、「*Cours complet* シリーズ」は絶版となり、暁星のフランス語教科書の全種類が一般書店での販売を中止した。戦後から現在に至る迄、暁星中学、高校のフランス語の授業では *Premier livre* が使用されるようになった[87]。*Premier livre* は、「*Cours complet* シリーズ」と比べて文法項目が簡略化されたが、新出単語、および和訳と作文等の教材構成はほとんど戦前の「*Cours complet* シリーズ」を引き継いだ形となった。

1900年当時の国内で、初めて動詞の活用表が掲載されたフランス語教科書は、『新編仏蘭西語独修』であった。しかし巻末の動詞活用表は、直説法現在形、複合過去形、単純過去、現在分詞が掲載されているだけであり、その他の活用は掲載されていなかった[88]。現在、国内の語学系出版社が発売しているフランス語文法教科書の巻末に掲載されている動詞の活用表のパターンを示した附録である横一列の動詞の活用表が、暁星学園のフランス語教科書に登場するようになったのは、1901年に刊行された *Cours complet de langue françaises cours élémentaire* の第4版であった。そして第4版の刊行により、国内のフランス語文法教科書で初めて系統立った動詞の活用表が紙面に掲載された。

第4版で、初めて動詞の活用が一覧として掲載された動詞の活用表の Avoir の箇所を下記に提示する。

Verbe auxiliaire AVOIR [89]

Mode Indicatif		Mode Subjonctif
PRÉSENT	FUTUR	PRÉSENT

---

[87] 現在の暁星学園では第1外国語フランス語選択者に対し、中学の2年間で *Premier livre* を使用している。中学3年から高校1年にかけて、残りの文法項目（直説法の未修得項目、条件法、接続法）を学習する為に *Deuxième année de français* を使用している。高校2年から3年にかけては、次章で考察する講読用教科書 *Cours moyen* と大学入試の過去問題を使用し、文法よりも講読に重点を置いた授業を行っている。

[88] 山口造酒編『新編仏蘭西語独修』、岡崎屋書店、1900年、pp. 54-58

[89] *Cours complet*、1901年、巻末IV

		OU FUTUR
J'ai	J'aurai	Que j'aie
Tu as	Tu auras	Que tu aies
Il *ou* elle a	Il *ou* elle aura	Qu'il *ou* qu'elle ait
Nous avons	Nous aurons	Que nous ayons
Vous avez	Vous aurez	Que vous ayez
Ils *ou* elles ont	Ils *ou* elles auront	Qu'ils *ou* qu'elles aient
IMPARFAIT	FUTUR ANTÉRIUR	IMPARFAIT
J'avais	J'aurai eu	Que j'eusse
Tu avais	Tu auras eu	Que tu eusses
Il *ou* elle avait	Il aura eu	Qu'il *ou* qu'elle eût
Nous avions	Nous aurons eu	Que nous eussions
Vous aviez	Vous aurez eu	Que vous eussiez
Ils *ou* elles avaient	Ils*ou* elles auront eu	Qu'ils*ou*qu'elles eussent
PASSÉ DÉFINI	ModeCondition-ne PRÉSENTOU FUTUR	PASSÉ
J'eus	J'aurais	Que j'aie eu
Tu eus	Tu aurais	Que tu aies eu
Il *ou* elle eut	Il aurait	Qu'il *ou* qu'elle ait eu
Nous eûmes	Nous aurions	Que nous ayons eu
Vous eûtes	Vous auriez	Que vous ayez eu
Ils *ou* elles eurent	Ils *ou* elles auraient	Qu'ils'*ou*qu'elles aient eu
PASSÉ INDÉFINI	PASSÉ(1re *forme*)	PLUS-QUE-PARFAIT
J'ai eu	J'aurais eu	Que j'eusse eu
Tu as eu	Tu aurais eu	Que tu eusses
Il *ou* elle a eu	Il aurait eu	Qu'il *ou* qu'elle eût eu
Nous avons eu	Nous aurions eu	Que nous eussions eu
Vous avez eu	Vous auriez eu	Que vous eussiez eu
Ils *ou* elles ont eu	Ils *ou* elles auraient eu	Qu'ils *ou* qu'elles eussent eu
PASSÉ ANTÉRIUR	PASSÉ(2[e] *forme*)	Mode Infinitif
J'eus eu	J'eusse eu	PRÉSENTOU FUTUR
Tu eus eu	Tu eusses eu	Avoir

Il *ou* elle eut eu	Il *ou* elle eût eu	PASSÉ
Nous eûmes eu	Nous eussions eu	Avoir eu
Vous eûtes eu	Vous eussiez eu	Mode Participe
Ils *ou* elles eurent eu	Ils *ou* elles eussent eu	PRÉSENT
PLUS-QUE-PARFAIT	Mode Impératif	Ayant
J'avais eu	PRÉSENT OU FUTUR	PASSÉ
Tu avais eu	*Sing 2e pers*Aie	Eu,ayant eu
Il *ou* elle avait eu	*Plur* 1re „ Ayons	
Nous avions eu	„ 2e „ Ayez	
Vous aviez eu		
Ils *ou* elles avaient eu		

2. Être

『仏語初歩』

LeçonⅦ　　第七課

Être 有ル，在ル，居ル，成ル

直説法現在

Je suis

Tu es

Il est

Elle est

Nous sommes

Vous êtes

Ils sont

Elles sont[90]

Cours complet

ÊTRE 在ル（居ル）

PRÉSENT（直説法ノ現在）

Je suis デアル．居ル．

Tu es

Il est

---

90 『仏語初歩』、pp. 40-42

Elle est
複數
Nous sommes
Vous êtes
Ils sont
Elles sont
[...]
VERSION
Le château du roi est neuf. Nous sommes les sujets de l'empereur.
Thème 母ハ部屋ニ居マス. 父ハ客間ニ居マス. 我々ハ學生デアリマス[91].

Premier livre
TROISIÈME LEÇON 第三課
VOCABULAIRE　A　　単語
la cour 庭　　un arbre 木　　　grand 大きい　　dans の中に　　un oiseau 鳥　　petit 小さい　　beau 美しい
Verbe être　動詞　である　いる　です
Je suis 私は…です　　Il est 彼は…です　　L'arbre est 木はあります　　L'oiseau est 鳥がいます

LectureA　読方
Je suis dans la cour. L'arbre est grand. L'oiseau est petit, Il est beau.
[...]
Thème3-B　和文仏訳
1.私は（一つの）庭園を持っています.　2.庭には木（複数）があります.
3.木は大きいです. 4.木には（多くの）くだものがあります[92].

　上記の引用箇所に基づけば、『仏語初歩』のÊtreの項目では、それよりも前のページにAvoirについて活用、疑問文、否定文等が詳述されているのとは対照的に解説を省略し、動詞の活用が掲載されているだけに過ぎない。14年後の*Cours complet*におけるÊtreの掲載箇所にも、大きな変化は認められなかった。
　教科書にも関わらず説明がほとんどなく、動詞の活用を掲載するだけにとどめた構成で、10代の学生は如何にして不規則な動詞の活用を習得していったのだろうか。

---

91 *Cours complet*、pp. 22-23

92 *Premier livre*、pp. 6-8

1929年から1935年迄、暁星学園に在学していた画家・井上慎の証言を参考にしたい。

> フランス語の動詞は人称、時制そして法により、原型から変化します。教師は10代の学生に対して理論的に説明するよりも、学生に対し音読で不規則動詞を慣れさせようとしていたのでしょう。
> 教科書に新出の動詞が掲載されると、日本語を丁寧に話すフランス人教師が日本語で動詞の訳と時制を説明した後、音読します。学生は音読を聞いて、教科書にカナ書きします。それから一斉に音読しました。次の日の授業で、教師は学生を指名し、日本語で時制を告げて動詞の活用を暗誦させるように指示していました。この方式で新しい動詞が登場すると、学生は当てられても答えられるよう次の授業までに、カタカナで教科書に発音を書き、音読して繰り返しノートに書き写して習得していきました。学生は皆、競うように覚えようとしていたので、動詞の活用を覚える事が面倒に感じた事はありませんでした[93]。

1930年代のフランス語の授業が上述の通りに進行していたとすれば、教科書の中で日本語による動詞の解説が同じように少なかった1890年代から1920年代迄のフランス語の授業の様子と1930年代とでは大きな変化はなかった、と推測出来る。

次に 形容詞、否定形、疑問文の項目に関する変遷を確かめたい。

3. 形容詞
『仏語初歩』
第八課　形容詞
形容詞ハ名詞ノ品質又ハ指定サレタル﹁ヲ示ス詞ナリ．
形容詞ニハ二種アリ品質形容詞及ビ指定形容詞是ナリ．
品質形容詞ハ人又ハ物ノ品質或ハ其存在ノ有様ヲ示ス所ノ形容詞ナリ．
EX. bon, 良キ. mauvais, 惡ルキ. petit, 小サキ. grand, 大ナル. blanc, 白キ. noir, 黒キ
品質形容詞ハ慣習ニ従テ其品質ヲ示ス所ノ名詞ノ前又ハ後ニ置カル．
一般ニ次ノ形容詞ハ名詞ノ後ニ置カル．
第一．色、形状、感覺等ヲ示ス所ノモノ．
第二．國又ハ國民ヲ示ス所ノモノ．
第三．形容詞ノ如ク用ヒラル過去又ハ過去分詞

93　2011年9月21日実施の取材

第四．次ノ後尾ヲ有スル形容詞　al, ile, ule, able, ible, ique.
若干ノ形容詞ハ名詞ノ前ニ置カル　ト後ニ置カルルトニ従ツテ意義ヲ異ニス
[...]
第七．語尾ニ eur ヲ有スル形容詞ハ概シテ女性ノトキニハ之レヲ euse ニ改ム．
第八．語尾ニ teur ヲ有スル形容詞ノ多数ハ女性ノトキ之シテ trice ニ改ム．
第九．語尾ニ érieur ヲ有スルノ如キ形容詞并ニ次ノ形容詞ハ一般ノ規則ニ由ル．
第十．次ノ形容詞ハ女性ノ形ヲ特別ニ成ス
EX. blanc, blanche 白イ．doux, douce 甘キ．faux, fausse 偽リナ．roux, rousse 樺色ナル[94]

Cours complet
LEÇON X
品質形容詞
品質形容詞は人又は事物の性質状態を示す言葉である．
品質形容詞は習慣に依つて其附属する名詞の前或は後ろに置く．
若干の形容詞は名詞の前或は後に置かれることに依りて意味を變へる．
品質形容詞は其の形容する名詞或は代名詞の性及び數と同様な性及び數をとる[95]．

Premier livre
第三課
VOCABULAIRE　B.　単語
le bon fruit　美味しいくだもの　説明・物の性質、形、色、様子を説明する語はこれを形容詞という。
[...]
第四課
VOCABULAIRE　A.　単語
un bon élève　良い生徒（単数）
de bons élèves　良い生徒（複数）　説明　複数名詞の前にある形容詞の前では des の代わりに de を使う
Lecture A.　読方
Taro et Jiro sont de bons élèves. Je suis aussi un bons élève. Nous sommes tous de bons élèves.
[...]

94　『仏語初歩』、pp. 46-59
95　*Cours Complet*、pp. 33-34

第五課
VOCABULAIRE　A.　　単語
（注意）形容詞はその形容する名詞と同性、同数である。例えば、
le　petit　　（単数男性）：　　　　*la*　pet*ite* cour（単数女性）
les pet*its* jardin*s*（複数男性）　　*les* pet*ites* cours（複数女性）[96]

4. 否定文
『仏語初歩』
第五課
Ne…pas…　ナイ
Je n'ai pas,
[...]
Nous n'avons pas[97]

Cours complet
AVOIR 直説法
Je n'ai pas モタナイ
Tu n'as pas
Il n'a pas
Elle n'a pas
Nous n'avons pas
Vous n'avez pas
Ils n'ont pas
Elles n'ont pas
[...]
（1）否定の文章においては un、une、des の代わりに de のみを用いる．
Ex：J'ai un livre, J'ai des livres. ; Je n'ai pas de livre[98].

Premier livre
Verbe avoir（Suite）　　動詞　持つ　　（続き）
Je n'ai pas de…　　　　私は…を持っていません
Akiko n'a pas de…　　　愛子は…を持っていません

96　*Premier livre*、pp. 7-11
97　『仏語初歩』、p. 26
98　*Cours complet*、pp. 18-19

Elle n'a pas de...　　彼女は...を持っていません
Vous n'avez pas de...　あなたがたは...を持っていません

Lecture B.　　読方

J'ai un crayon. Je n'ai pas de plume. Akiko a une plume. Elle n'a pas de gomme[99].

5. 疑問文

『仏語初歩』

Est-ce que... ?　　カ... ?

Est-ce que j'ai *ou* ai-je ?

Est-ce qu'il a *ou* a-t-il ?

Est-ce qu'elle a *ou* a-t-ellle ?

Est-ce que nous avons *ou* avons-nous ? etc[100].

Cours complet

VOCABULAIRE

Est-ce que ?　　カ ?

oui, monsieur. oui, madame　左様デス

VERSION

Est-ce que tu avais un ami ?

Est-ce que l'ouvrier a de l'argent ? Oui, monsieur, il a de l'argent.

Est-ce que l'oncle et la tante ont un jardin ? Oui, madame, ils not un jardin[101].

Premier livre

VOCABULAIRE　　A.　　単語

Est-ce que……?　　か?

Lecture A.　　読方

Est-ce que vous avez un crayon? Oui, monsieur, j'ai un crayon[102].

　1896 年の『仏語初歩』では、形容詞を語末の形によって複数のグループに選別し、それぞれが女性名詞に付加される時の変化を規則として事細かに説明し、

---

99 *Premier livre*、p. 2
100 『仏語初歩』、p. 27
101 *Cours complet*、pp. 8-10
102 *Premier livre*、p. 1

例を豊富に掲載していた。

　戦前に使用されていた 1927 年の *Cours complet* は『仏語初歩』と同様に形容詞の変化について事細かに説明を提示している。戦後の *Premier livre* は、戦前の教科書と異なり、文法の説明を大幅に簡略化させていた。新出単語に脚注をつけ、脚注内に最低限の説明を施しているのみであった。

　疑問文と否定文に関しては、3 種類の文法教科書において共通項が 2 つある。1 つは日本語による文法の説明が極めて少ない事と、もう 1 つは例文を表記した後に否定文と疑問文の文章を交えた Version（和訳）問題を掲載している事である。この 2 つは、19 世紀後半から現在迄変化していない。教科書だけを見ると、直説法の授業を展開していたと判断し兼ねないが、実際には文法訳読法に則った授業であり、この点では筆者が在学していた 1990 年代、そして現在も授業展開に関しては大きな変化はない[103]。次に複合過去形の項目に関する変遷を確かめたい。

　6. 複合過去形
『仏語初歩』
解説　日本語ノ持ツテ居ル、持ツテ居マス、持チマスヲ飜譯スレバ持ツト同ジ事ニ成ル　持ツテ居タ、持ツテ居マシタ、持チシ等ノ語ハ皆ナ、持ツタト全ジ様ニ飜譯ス

Passé INDÉFINI

j'ai eu　　　　持ツタ
tu as eu
il a eu
elle a eu
nous avons eu
vous avez eu
ils ont eu
elles ont eu[104]

　Cours complet
AVOIR
PASSÉ COMPOSÉ（不定過去[105]）

103　2011 年 2 月 14 日付実施取材　暁星中学・高校仏語科主任教諭・光藤賢の回答
104　『仏語初歩』、p. 25
105　現在の複合過去形に相当するが、原文通りに記載した。

j'ai eu 有ツタ,

tu as eu

il a eu

elle a eu

nous avons eu

vous avez eu

ils ont eu

elles ont eu

VERSION

J'ai eu une visite hier. Les élèves ont eu des plumes et des crayons. Est-ce que vous avez une bonne situation ?[106]

Premier livre

Verbe être あ る   Verbe avoir 持つ
Passé (affirmatif)   過去（肯定）
j'ai été 私は・・・でした   j'ai eu 私は・・・持っていた
tu as été   tu as eu
il a été   il a eu
elle a été   elle a eu
nous avons été   nous avons eu
vous avez été   vous avez eu
ils ont été   ils ont eu
elles ont été   elles ont eu
Passé (négatif)   過去（否定）
je n'ai pas été   私は・・・ではありませんでした
Lecture B.   読方
J'ai été studieux à l'école ; mon père a été content. ; J'ai eu une bonne balle.
[...]

ある動詞（例えば aller, rentrer）の過去を表わすのに、助動詞 avoir の代わりに助動詞 être を使う。その場合それらの過去の動詞は形容詞と同様、その主格と同じ性、同じ数で書き表される[107].

『仏語初歩』の旧字体による解説部分によれば、日本語の「持つ」がフラン

---

106 *Cours complet*、 p. 12

107 *Premier livre*、p. 21 と p. 32

語の過去形4種類の日本語訳が全て「持った」と翻訳する事が出来ると解釈していた。

教科書執筆の際、上述のように学習者にとって不可欠なはずの過去時制における異なる4つのアスペクト形式のニュアンスの異なり、あるいは使い分けについて情報が与えられていないのは、次の2つが原因で生じたと推測している。

1. フランス人と日本人教師（杉田義雄）が共同で『仏語初歩』を執筆する際、フランス人から解説部分についてフランス語で説明を受けた際に、日本人側が聞き取りを間違えた。

2. フランス本国のリセが使う文法教科書の過去形の項目を見ていない。または日本人側が意味を正確に把握していなかった。

例えば大過去形は Le plus-que-parfait、半過去形は imparfait であり、それぞれの過去形の意味を日本人側が正確に認識していれば、過去形は全て同じ語尾に翻訳出来る、という誤った解釈は生じなかったであろう。

複合過去形は過去分詞の前に助動詞として avoir または être を置く。全動詞の9割以上は助動詞に avoir を使うが、人間や物の移動と行動を表す10個程度の動詞（例・aller：行く、venir：来る、monter：上がる）に限り être を使う。

しかしながら1890年代、戦前の教科書には、使い分けを一切記載せず、訳読を繰り返す事で、助動詞の使い分けを習得させている。

学生に対して、教師はどのような授業を行っていたのか。1945年に暁星中学（旧制時代）を卒業後、1950年代から1966年迄暁星高校のフランス語教師として在職した筑波大学名誉教授・野村二郎に対して取材を試みた。野村は以下のように証言している。

> 私が在学していた頃（1940年から1945年）から教師が、補足する内容を印刷して、プリントを配布する事もありました。授業の内容は文法事項を教師が説明して、練習問題を学生が解き明かす、講読の教科書に掲載されているフランス語の文章を読んで訳す、という昔の方法でした。暁星学園で会話の授業が行われるようになったのは、私が暁星学園を退職して東京教育大学に着任してから数年後の1970年代に入ってから実施されるようになりました[108]。

1890年代から1940年代迄は、暁星学園のフランス語文法教科書は一般書店で販売され旧制高校、および大学の語学教材として使用されていた。練習問題の解答は付随していないが、例文を交えて、説明が記され文法の解説部分のみを読解すれば、独習可能な教材であった。

---

108 2011年8月16日付、筆者宛の私信

文法の授業では発音についてはフランス語教師が見本を示し、学生は教師の発音をカナ書きして覚えていた。

　授業でメインとしていた内容は、新出文法の説明を行った後の仏文和訳に重点を置き、一部作文にも時間を割いていたが、会話の授業は行われなかった。いわゆる文法訳読法による言語の習得を目的としていた。

　戦後、「*Cours complet* シリーズ」は廃刊となり、*Premier livre* が文法の授業で使用された。

　Premier livre は戦前の「*Cours complet* シリーズ」と異なり、文法の説明を極めて少なくしている構成であった。野村二郎の証言によれば、教師が文法に関する説明のプリントを配布して、説明を補っていた。

　授業は基本的に、戦前と同じく戦後も文法訳読法に則した内容であり、1970 年代以降、会話の授業が設置されるようになった。

　次章ではフランス語講読教科書の分析を試みる。

第3章 フランス語講読教科書 Cours élémentaire, Cours moyen の分析.

1節 出版開始と紙面改訂の謎.

本節では暁星学園の講読教科書が刊行される迄の経緯と、「*Choix de lectures françaises* シリーズ」から *Cours élémentaire* と *Cours moyen* の書誌形態の解明、及び *Cours moyen* の改版と紙面の改訂を考察する。

マリア会日本管区に所蔵されている *Le Centenaire de l'arrivée des marianistes au Japon* は、暁星学園開学期の修道士、神父達の書簡を書籍化した資料である。開学から1年後の1889年に日本の修道士がフランス本部に宛てた書簡には、授業で使用する教科書に関して下記のように記述している。

> Merci pour les livres que vous avez bien voulu nous envoyer et que Stanislas[109] nous a donné [sic]. La bibliothèque de sciences est déjà bien garnie ; La littérature se monte peu à peu. De bonnes bibliothèques ici ne sont pas un luxe parce que nous ne pouvons pas aller consulter ailleurs[110].

> スタニスラス学園寄贈の書籍をお送りくださってありがとうございます。科学関係の蔵書はすでにそろっており、文学関係の蔵書も少しずつ増えつつあります。ここ（日本）では良質の蔵書はとてもありがたいです。他に閲覧出来るような場所がないからです[111]。

暁星学園の開学期には、スタニスラス学園が使用していた教科書を日本に輸入して、暁星学園の授業で使用されていた事が上記の書簡の内容から伺える。
併せて「他の場所で本を参照できない」と嘆いているように、1890年代当時の日本国内の図書館等には、彼らが授業で使うのに適切なフランス語の教材と洋書がなかったという事を示唆している。

20世紀前後に国内の一般書店で販売されていたフランス語の教科書教材は如何なる状態であったか。1901年に現在の株式会社丸善が発行した『丸善圖書目

---

109 パリにあるマリア会が設立した中等教育機関「スタニスラス学園」の略称。
110 Albano Ambrogio, *Le Centenaire de l'arrivée des marianistes au Japon*, Roma, 1985, p. 230
111 筆者訳

録』のフランス語教材の項目をリスト化した。

1901年に丸善書店で一般販売されていたフランス語の教科書及教材[112]

（著者名）	（分類）	（図書名）
今村有隣	總記及雜書	佛語啓蒙
曉星學校	總記及雜書	佛語初歩
黒田太久馬	總記及雜書	和譯佛語教科書
今井孝治	總記及雜書	佛語読本
曉星学校	總記及雜書	(和文註譯)佛文萬國歴史
山崎憔策	總記及雜書	(佛話對譯)醒世叢談
齋藤祥三郎	會話	(英佛獨和)四國會話
バーテル（井上勤/譯）	會話	(英佛獨和)四國會話篇
齋藤祥三郎	會話	(坡氏)佛和會話集
石井信五郎	會話	佛蘭西語會話初歩
山口酒造	會話	佛蘭西語獨修
小宮山次郎八	會話	(實用速成)佛和會話
アリヴェー	會話	和佛會話捷径
フーク（佐藤/譯）	會話	佛和會話篇
飯田宏作	會話	佛和會話指南
エブラル	會話	和佛會話
チツトー	文典付譯文	佛英會話文典
バレー	文典付譯文	佛語文典
ソムメン	文典付譯文	佛蘭西小文典
福田富次	文典付譯文	佛蘭西文典
今村有隣	文典付譯文	佛蘭西文法
大石高徳	文典付譯文	佛蘭西文法詳解
山崎憔策	文典付譯文	佛蘭西文法捷径
アリヴェー	文典付譯文	佛蘭西簡易譯文論
今井孝治/興津辰矩	文典付譯文	佛蘭西譯讀自在
中江篤介	字書	佛和字彙
中村秀積	字書	佛和字書
アリヴェー	字書	(袖珍)佛和字典
野村/阿部/森/中澤	字書	佛和辭典

---

112 丸善『丸善圖書目録』、1901年、pp. 506-511

野村/阿部/中澤	字書	（新形）佛和新辭典
織田/田中/今井	字書	和佛辭書

「總記」は総合的な学習教材、「文典」は文法書、「字書」は辞書を示している。リストの中には、暁星学園が刊行した古代ギリシャとローマの歴史事項をフランス語で読む書物が記載されている事が確認出来る。しかし上記のリストには、フランス文学の読本や撰文集等は存在しない。従って序章で提示した *Cours intermédiaire* は、1901年の時点で一般市民がフランス文学の原典を親しむ為の貴重な教科書であった事が推測される。

続いて暁星学園の開学期の修道士と神父達が講読教科書の出版事業を開始した状況を考察したい。1968年に刊行されたマリア会日本管区の記念誌には、下記のような証言が掲載されている。

> 一八九〇年代になると、それまで仏本国から輸入していたマリア会版教科書[113]をもとに日本在住の会員が熱心に編纂するようになった。一九〇〇年三月六日ヘンリック師がドマンジョン師に宛てた書簡には「 [...] ゴーゼ氏の著書はすでに五千部が売れてしまった。ブワイエ氏の本は第三版、エック、ヴェルニエ、ゴーゼ諸氏が現今執筆中のものは七月に上梓予定である。レーベル氏の仏和用語辞典はブフ氏の協力によって只今執筆中。ニコラス・ワルテル師の古代史は原稿脱稿[114]し、今校閲を受けている[115]。

マリア会の修道士と神父達は、暁星学園のみならず1890年代後半に国内で出版されたフランス語の教科書教材の貧弱な状況を危惧し、「独習者や外部の教育機関向けに文学作品を抜粋形式で掲載したフランス語の講読教科書を書店で販売する事で国内にフランス文学を普及させたい」という思惑から、講読教科書の出版事業を開始するようになった。

暁星学園の講読教科書が刊行される迄の経緯については、以上のように解釈できよう。

次に刊行初期の講読教科書「*Chiox de lectures françaises* シリーズ」から、*Cours moyen* 第5版に焦点をあてて、紙面内容の考察を試みる[116]。最初に *Cours moyen*

---

113 原文には「S・M版」と記載されていたが、Société de Marie とはマリア会の略称であり、執筆者が書き改めた。
114 原文には「脱筆」と記載されていたが、執筆者が書き改めた。
115 『マリア会日本渡来八十年』、pp. 66-67
116 *Cours moyen* の初版から第4版迄は、国内の大学図書館、暁星学園及びマリア会には所

第 5 版の書誌状況を確認したい。

1904 年に刊行され、版元は「三才社」と記載されている。奥付の著者欄には「暁星学校」とだけ記載されている為、*Cours moyen* 第 5 版の時点では明確な著者が不明である。なお、*Cours moyen* 第 5 版は「京都大学」、「京都女子大学」、「埼玉大学」、「同志社大学」、「早稲田大学」等の大学図書館に現在も所蔵されている。

Cours moyen 第 5 版の著者による前書きの項目に注目する。

> 地名、人名、其の他若干の文字にして、普通の辞書によるも、意義の能く釋然たらざるものは、其の傍らに星符（＊）を附して、附録の語集に就き索引せしめんとせり。又著作家の略傳掲げたるは、以て佛國第一の文家を知得せしめんと欲したればなり、第二流以下のものにありては、單に其の生死の年月を記すに止め、亦其の微々たるものにありては、僅かに其の名を載せたるに過ぎずと知るべし[117]。

明確な基準は不明であるが *Cours moyen* 第 5 版の著者による主観的な判断で、フランス文学作品からの抜粋のみならず作家のプロフィールや巻末に人名、地名の項目も掲載する事を掲げている。下記が紙面内容である。

Cours moyen 第 5 版の紙面

Maître Corbeau, sur un arbre perché,
Tenait en son bec un fromage.
Maître Renard, par l'odeur alléché,
Lui tint à peu près ce langage:
"Hé ! bonjour, monsieur du Corbeau,
Que vous êtes joli ! Que vous me semblez beau !
Sans mentir, si votre ramage
Se rapporte à votre plumage,
Vous êtes le phénix des hôtes de ces bois"
A ces mots, le Corbeau ne se sent pas de joie ;
Et, pour montrer sa belle voix,
Il ouvre un large bec, laisse tomber sa proie.
Le Renard s'en saisit, et dit ; "Mon bon monsieur,

蔵されていない。 国内に現存する最古の版である第 5 版は、早稲田大学の図書館にのみ所蔵されている。

117 暁星学校、*Cours moyen*（第 5 版）、序文

Apprenez que tout flatteur

Vit aux dépens de celui qui l'écoute ;

Cette leçon vaut bien un fromage, sans doute !"

Le Corbeau, honteux et confus,

Jura, mais un peu tard, qu'on ne l'y prendrait plus.

Jean de La Fontaine (1621-1695) a laissé de petits poèmes, des comédies, des poésies diverses, des lettres ; mais il est surtout connu par ses douze livres de *Fables*. Les sujets de ses fables sont le plus souvent empruntés aux fabulistes anciens, notamment à Esope et Phèdre ; mais son imitation n'a point été servile, son génie puissant a su transformer ces anciennes fables, les embellir, les présenter sous un jour tout à fait nouveau : ce sont de vraies petites comédies. "Sur près de trois cents fables qu'il a faites, dit La Harpe, il y en a près de deux cent cinquante qui sont des chefs-d'œuvre. [118]"

「カラスとキツネ」
木の上に止まっていたカラスが、
チーズをくちばしにかかえていた。
食欲をそそった臭いによって、キツネはカラスに、およそ次のような言葉を述べた。
「カラスよ、こんにちは。あなたは優雅で、私には立派なように思われる。
本当のところ、もしあなたのさえずりがあなたの羽毛と類似していたならば、
あなたはこの森の主人の第1人者だ。」
これらの言葉にカラスは喜びを感じなかった。
見事な声を示す為、大きな口ばしを開けて獲物を落とした。
キツネはそれを掴んで言った。
「カラスよ。全てのお世辞使いは聞く者の費用で生きているという事を覚えろ。
この教訓は疑いもなく、十分、チーズに値する。」
カラスは恥じ入って困惑し、けれども少し遅れて、もうその事につかまらないと誓った。

ジャン・ドゥ・ラ・フォンテーヌ（1621－1695）は小さな詩、喜劇、様々な韻文、手紙を残した。けれどもとりわけ彼は12の寓話の本によって知られている。寓話のタイトルは、たいていの場合、『イソップとフェードル』と名付けられ、古い寓話作家から借用している。けれども、彼の強力な素質は、これらの古い寓話を、全く今日の新しい形に変化させて、潤色した。それは本当に些細な喜劇だ。 ラ・アルプ

---

118 *Cours moyen*（第5版）、pp. 28-29

(文学者)は「彼が書いた300近い寓話のうちの250近くは傑作である」としている[119]。

紙面を閲覧すると、著者の前書き通り、ラ・フォンテーヌの『寓話集』から「カラスとキツネ」の原文を抜粋形式で掲載した後に、作家のプロフィールが掲載されている事を確認出来る。

本章の終わりには附録として *Cours élémentaire* 及び *Cours moyen* の作品一覧リストを掲載した[120]。第5版の紙面は、137項目で構成され、項目の8割以上が1600年代から1800年代後半迄のフランス文学作品や歴史書から抜粋した原文を掲載している。紙面の中には、19世紀の項目に記載したR. カイエの「トンブクツに到着したカイエ」やV. ラプラドの「小さな兵隊」等が示す通り、現在でも日本語訳されていない作家の原文も多数、掲載されている。

Cours moyen 第5版は、文学作品を数多く抜粋した内容であったが、5年後の1909年に出版された *Cours moyen* 第6版の紙面の内容は如何なる状況であったのか。紙面の考察を行う前に *Cours moyen* 第6版の書誌状況を確認したい。

版元は *Cours moyen* 第5版と同じく「三才社」であり、奥付の著者欄が *Cours moyen* 第5版では「暁星学校」と記載されていたが、*Cours moyen* 第6版では Joseph Vernier[121]と記載されている。

Cours moyen 第6版は「関西大学」、「京都大学」、「昭和女子大学」、「玉川大学」、「東京大学」、「長崎大学」、「名古屋大学」、「一橋大学」、「宮崎大学」、「早稲田大学」等の大学図書館に現在も所蔵されている。

Cours moyen 第6版の前書きの項目について着目したい。

> 本書第六版を刊行するに方り、吾人は内容に一大改訂を施せり。[...] 今改訂の要点を挙ぐれば、文章は前版のものよりも一層平易にして特別一層實用的なるものを選べり。此の二つの目的を達っせんが爲め、吾人は自ら數多の文章を新に作りて日常の會話に最も多く使用せらるる語句を之に挿入せり。文體も成るべき丈け近代に於ける會話體を採用せり。[...] 前版の巻末に附せる地名、人名等の語彙は今回之を削除せり。[...] 又舊版中著名なる文豪の名の後に附せる畧傳も一切之を省略せり[122]。

Cours moyen 第6版の前書きでは、著者であるジョゼフ・ヴェルニエが「文章

---

119 筆者訳
120 *Cours supérieur* のリストに関しては、第4章に掲載する。
121 本書では以降、ジョゼフ・ヴェルニエ、またはヴェルニエと表記する。
122 *Cours moyen*（第6版）、前書き部分

を平易にして、筆者自らが日常の会話を含めた文章を執筆した。書物の巻末に記載していた地名、人名、作家のプロフィールを省略した」と記載している。

筆者が作成したリストによれば、*Cours moyen* 第 6 版の紙面には、ジョゼフ・ヴェルニエが執筆した 7 割程度のオリジナル散文が掲載されてその反面、*Cours moyen* 第 5 版に掲載された文学作品の抜粋の項目は大幅に割愛されている事が確認出来る。

何故、同一の書名でありながら僅か 5 年の期間に、紙面に掲載された内容を大幅に改訂させたのだろうか。

Cours moyen 第 6 版の刊行時に大幅な紙面の改訂を施した謎について検証したい。*Cours moyen* 第 6 版の刊行時に文学作品を割愛し、著者であるジョゼフ・ヴェルニエによるオリジナル散文が掲載された謎を解き明かす為、第 2 章 2 節に掲載した山本信次郎の証言を解釈すると、19 世紀後半迄の暁星学園の教育方式はフランス本国の中等教育機関を模倣していた。従って数学を除いたほぼ全ての科目がフランス語で行われていた。

その結果、フランス語の授業で使用されていた講読教科書は、フランスの中等教育機関の国語と同様に文学作品の抜粋による構成だったと推測出来よう。

次に第 2 章 3 節に掲載したが、*Cours moyen* 第 6 版が刊行された 5 年後の 1915 年に卒業したフランス文学研究者・渡辺一夫の証言を検証すると、1910 年代に入るとほぼ全ての科目を日本人教員が担当して、外国語だけをフランス人教員が担当していた事が把握出来る。それでは、1895 年から 1915 年迄の 20 年間に、暁星学園の教育プログラムは如何に変化したのか。学園誌には 19 世紀後半の暁星学園の変遷について次のように記述していた。

> 1898 年 10 月 13 日は、暁星が歓喜のるつぼに浸った日である。この日、あれほど待ちあぐんでいた「認可」が文部省からおり、以後他の日本の官公立中学と同等の特権が与えられ、従来の「私立暁星学校」は、ここに「私立暁星中学校」として誕生したのである。[...] 文部省では日本人生徒と欧州人生徒を授業中分離するよう勧告していた。暁星ではその実現に努力し、総長にその意を申し出ていたが、その許可を得て、1901 年 6 月 9 日、横浜に学校を新設することに決定し公表した[123]。

Cours moyen 第 6 版の著者であるジョゼフ・ヴェルニエは「1899 年に文部省認定の私立中学へ学校の形態が変化して以降、外国人学生が消滅し、日本人学生だけが在学するようになった為に、フランスの中等教育の水準に近かった従来のフランス語教育が困難になった」と判断し、フランスの中等教育のプログラム

---

123 『暁星学園創立七十周年記念号』、pp. 8-9

の模倣を断念し、代わりにフランスの初等教育を参考にしたと推測出来る。

それでは20世紀前後におけるフランスの初等教育科目は如何なる構成であったのだろうか。1882年に初等教育がフランスで義務化された際、首相ジュール・フェリーにより発令された制定文書に記された義務教育における科目名の一部を下記に記載する。

    Article premier. — L'enseignement primaire comprend :
    L'instruction morale et civique ;
    La lecutre et l'écriture ;
    <u>La langue et les éléments de la littérature française</u> [124];
    La géographie, particulièrement celle de la France ;
    L'histoire, particulièrement celle de la France jusqu'à nos jours[125].

    第1条。初等教育を含有する。
    道徳及び公民教育。
    読む事。書く事。
    国語とフランス文学の初歩。
    フランスの地理、とりわけ今日迄のフランスの歴史。

義務教育科目の中に、国語とフランス文学の初歩と記載されている。つまり平易な文章を用いて国語の教育を行いながら、フランス文学の基礎も身に付ける事が確認出来る。

関東大震災と東京大空襲の被害を受け、暁星学園及びマリア会の建築物は合計2回、全焼及び全壊した為、戦前の資料の一部は焼失してしまっている。従って紙面の改訂に関する明確な根拠となる資料は見当たらなかった。

しかしながら「*Cours moyen* 第6版の著作者であるジョゼフ・ヴェルニエはジュール・フェリー法制定後のフランスの初等教育の国語教科書を参考にして、日本人学生に対してフランス語の構文を理解させる為にフランス文化に関する平易なオリジナル散文を執筆して掲載する為に大幅な改訂を行った」と解釈する事は決して無謀な見解ではないだろう。

Cours moyen 第6版が刊行された翌年の1910年に、暁星学園は *Cours supérieur* の初版を刊行した。*Cours supérieur* 初版の書誌状況を確認すると、版元は *Cours*

---

124 下線の強調は執筆者による。

125 André Chervel, *L'Enseignement du français à l'école primaire : textes officiels concernant l'enseignement primaire de la Révolution à nos jours*. tome II, 1880-1939. INRP, 1995, pp. 97-98

moyen 第6版と同じく「三才社」であり、奥付の著者欄にはジョゼフ・ヴェルニエと記載されている。

Cours supérieur 初版は「京都大学」、「千葉大学」、「同志社大学」、「長崎大学」、「名古屋大学」、「早稲田大学」等の大学図書館に現在も所蔵されている。*Cours supérieur* 初版の前書きの項目について注目したい。

> 本書は既に發行せる初等佛語選文讀本及び中級佛語選文讀本の續として編纂せられたる上級の讀本なり。本書は二部より成る、第一部は第十九世紀の文豪及び今猶ほ生存せる現代文豪の、抜粋を収め、第二部は第十七世紀、第十八及び第十九世紀の最も著名なる模範文豪の抜粋を集む[126]。

紙面の前半は19世紀中期から1910年時点迄に在命していた作家の抜粋形式の作品と併せて、後半はフランス文学の概観を把握する為に17世紀から19世紀迄の作家の作品と、各世紀の文学史を掲載している。

1910年の初版が刊行されて以来、*Cours supérieur* は暁星学園のフランス語の授業で使用されていたのだろうか。戦前の1930年から1935年にかけて在学していた画家の井上慎は取材時に、当時の暁星のフランス語の授業光景について、下記のように証言していた。

> 講読の演習では、中級講読用教科書 *Cours moyen* だけを使用していました。文学作品のみを掲載した上級講読用教科書 *Cours supérieur* が使用される事はありませんでした。在学中に、フランス文学作品を講読していく授業は、*Cours moyen* に掲載された(ラ・)フォンテーヌやユゴー等を除けば皆無でした[127]。

1910年に初版が刊行された *Cours supérieur* は、少なくとも1930年代以降の暁星学園のフランス語の授業では使用されていなかった。京都大学等、現在6校の大学が所蔵している事から、戦前の国内の高等教育機関で使用されていたと思われる。

19世紀後半に暁星学園が、文学作品を紙面に掲載したフランス語の講読教科書を出版するようになった経緯については「マリア会の修道士と神父達が日本国内で出版されていたフランス語教材の貧弱な状況を危惧し、文学作品を抜粋形式で掲載したフランス語の講読教科書を書店で販売を通して、国内にフランス文学を普及させたい、という思惑から講読教科書の出版事業を開始するよう

---

126 *Cours supérieur*（初版）、前書き部分
127 2011年9月21日実施の取材より

になった」と位置付ける事が出来るだろう。そして *Cours moyen* 第 5 版迄は文学作品を中心に掲載していたのにも関わらず、*Cours moyen* 第 6 版の刊行時に大幅な改訂を行った原因は、「フランス文学の初歩として一部の項目にフランス文学の抜粋を掲載し、大半の項目はフェリー法の影響を受けてフランス語の理解として、著者であるジョゼフ・ヴェルニエが執筆したフランス文化に関するオリジナル散文を掲載した」と解釈出来よう。

　次節では *Cours élémentaire* 及び *Cours moyen* のオリジナルテクストを執筆したジョゼフ・ヴェルニエの略歴と、19 世紀のフランスのマリア会が刊行していた教科書の紙面内容を参考にしながらもジョゼフ・ヴェルニエは *Cours élémentaire* 及び *Cours moyen* の紙面上で、テクストを如何に変容させたのか。以上の 2 項目について論究する。

2節　マリア会国語教科書 *Premier livre de lecture* からの変容.

　1909年以降、ジョゼフ・ヴェルニエが *Cours élémentaire* と *Cours moyen* の著者であった時期は、1909年から1921年迄であった。しかしその後、著者が代わっても、ジョゼフ・ヴェルニエのオリジナルテクストのほとんどが割愛されず、戦後の最新版迄、掲載されている。そしてジョゼフ・ヴェルニエ以降の著者であったポール・グリシンガー、アルベール・ヘグリが執筆したオリジナルテクストの数は非常に少ない。

　「*Choix de lectures françaises* シリーズ」から唯一、現在も暁星高校で講読教科書として使用されている *Cours moyen*（第14版）にはジョゼフ・ヴェルニエが執筆したオリジナルテクストを多数、掲載している。従ってジョゼフ・ヴェルニエが暁星学園のフランス語講読教科書に貢献した役割は非常に大きい。

　本節ではオリジナルテクストとフランスのマリア会の国語教科書の比較分析を行う前に、ジョゼフ・ヴェルニエのプロフィールを解明させて、修道士及び教育者としての軌跡を確かめる事とする[128]。

> 　ジョゼフは1870年2月6日、大雪の降る日に生まれ、4人のおとなが汗だくで掻きわける雪の中を教会に運ばれて洗礼を授けられた。 [...] 1884年、14歳になったジョゼフ・ウェルニエ少年はマリア会にはいって終生聖母マリアに身を捧げることになった。 [...] 当時、フランスにおけるマリア会経営の学校はほとんど小学校だったので、大部分の学生修道者は小学教員としての最小限の免許状をうるとすぐに各学校に配属され、教鞭をとりながら、独学で研究を続け、特殊の才能のある者のみが、学生修道院に残ってより高度の勉学を続けていた。 [...] ウェルニエ氏はまず、生徒数が少なく、案外静かな生活ができるトンネー・シャラントに送られた。つづいて生徒数も多く、氏の健康には困難と思われる炭鉱都市のジルリに転勤になったが、そこでも別状がなかったので、氏は昼間の授業に加えて、めんどうな青年労働者のための夜間授業まで受けもつことになった。1894年長上はウェルニエ氏に日本行きを勧めてみた。 [...] ウェルニエ氏がジョゼフ・プレグル、ジャン・バチスト・ガロニエ氏と共に日本に着いたのは1894年11月27日だった。 [...] 日本管区はウェルニエ氏によってのみ、よくなしうる多くの恩恵を負うところがあった。われわれはそれらのうち次の3点のみをここに掲げたいと思う。<u>その第1は、仏語教育のための教科書および「小さなマリアの宣教師」紙の編さんの事業である。</u> [...]

---

[128] ジョゼフ・ヴェルニエのプロフィールは、『マリア会日本渡来八十年』から「ジョゼフ・ウェルニエ氏」（pp. 564-573）の項目を参考にして引用した。引用文では、原文通り氏名を変えずに記載したが、漢数字は算用数字に書き改めた。

<u>氏はこの事業に熱意を傾倒したが、文学的才能に恵まれた氏であったから、著作は</u>
<u>氏にとって一種の娯楽でさえあったといえよう。</u> [...] ところで右の文章によるとウェルニエ氏はいかにも権力欲に燃え、我意が強く、人の意を忖度する雅量に欠けた印象を人に与えるかもしれないが、実際はどうであったのだろうか。ウェルニエ氏が厳格で、一見人に重圧を感じさせ、陰鬱で愛想がなく、どことなく傲然とした印象を与えたことは本当である。それだから陸軍学校の生徒ですら氏を「熊」と呼んで恐れていた。われわれはアポートル・ド・マリーの中にときどき「小熊」という記者の名を発見するのであるが、ウェルニエ氏がこれをペンネームとして使用しているところを見ると、氏自身、右生徒の意味するものを少しは認めていたのであろう。 [...] ウェルニエ氏は1922年3月9日米国経由で渡欧し、セン・ヒポリットでヒス総長の追悼式に参列し、フリーブールでは着いたばかりの日本人最初の神学生田川房太郎に会っている。 [...] ウェルニエ氏が11月24日のマルセイユ上船の手続きを交渉していたとき、12月から翌年1月にかけて開催される臨時総会の代議員に選出されたことを知った。そのため欧州滞在を2か月延長して、1923年1月13日マルセイユを出発して、3月1日東京駅に着いた [...] 氏の葬儀が行われたのは1945年11月30日で、氏はその前夜聖母病院で帰天したのであった[129]。

上記のヴェルニエの経歴を辿ると、フランスで生まれ育ち、やがて青年期に突入して日本への派遣を依頼される迄、アルザス・ロレーヌを除けば、フランスの他の地域を訪れず、1920年代に入りフランスのマルセイユを訪れた事が判明した。またマリア会の年次報告書 *L'Apôtre de Marie* には、小熊（Kouma）という筆名でマリア会日本管区と暁星学園の状況報告を行い、そして教育者として貢献した最大の特徴は、本章で分析対象となるフランス語講読教科書を手がけた事であった。

次にヴェルニエがほぼ全ての執筆を手掛けたオリジナルテクストの紙面内容とフランスの初等教育の国語教科書の共通点を見出す為、フランスで刊行されたマリア会の国語教科書との比較を行う。フランスで出版された *Premier livre de lecture* を比較対象のテクストとして用いる[130]。

Cours élémentaire と *Cours moyen* のオリジナルテクストの一部には、1850年代の *Premier livre* に掲載されたオリジナルテクストと同一のタイトルが複数、掲載

---

[129]『マリア会日本渡来八十年』、pp. 564-572　漢数字を算用数字に書き改めた点を除けば、原文通りに表記した。下線の強調は筆者による。
[130] 以降、*Premier livre* と略記し、書名とページ番号のみを記載する。
同書は BNF の電子書籍サイト Gallica を使えば Web 上で閲覧出来る資料の為、各項目の概略は省略した。

されている。最初に「Les cinq sens（五感）」のテクストを検証する。

Premier livre
Le lait est blanc. Je puis voir cela. Je le vois par mes yeux. Les oiseaux chantent. Je puis entendre leur chant. Je l'entends par mes oreilles. La glace est froide. J'éprouve cela en la touchant. Je touche par mes mains. Le miel est doux. Je puis le goûte par la langue. La rose sent bon. Je puis flairer son odeur. Je la flaire par le nez. Ainsi, je puis voir, entendre, toucher, goûter et flairer. J'ai cinq sens. J'en remercie le bon Dieu qui me les a donnés[131].

　牛乳は白いです。私はそれを理解する事が出来ます。両目でそれを見る事が出来ます。鳥達が歌っています。彼ら（鳥達）の歌が聞く事が出来ます。耳でそれを聞いています。氷は冷たいです。それを触れながら感じています。手で触れます。蜂蜜は甘いです。舌で味わう事が出来ます。バラは良い香りがします。その香りを嗅ぎ分ける事が出来ます。鼻で嗅ぎ分ける事が出来ます。このように私は見る、聞く、触れる、味わう、そして嗅ぎ分ける事が出来ます。私は五感を持っています。それら（五感）を与えて下さった神様に私は感謝しています[132]。

Cours élémentaire
Le lait est blanc ; Je puis le voir ; Je le vois par les yeux. Les oiseaux chantent ; Je puis entendre leur chant ; Je l'entends par les oreilles. La glace est froide ; Je le sens en touchant ; Je la touche des mains. Le miel est doux ; Je puis le goûter par la langue. La rose sent bon ; Je puis flairer son odeur ; Je la flaire par le nez. Ainsi, je puis voir, entendre, toucher, goûter et flairer. J'ai cinq sens[133].

　牛乳は白く、私はそれを理解する事が出来ます。両目でそれを見る事が出来ます。鳥達が歌い、彼ら（鳥達）の歌を耳で聞く事が出来ます。氷は冷たく、それを触れながら感じ、手で触れています。蜂蜜は甘く、舌で味わう事が出来ます。バラは良い香りがし、その香りを鼻で嗅ぎ分ける事が出来ます。このように私は五感を持っています[134]。

---

131 *Premier livre*, 1866, p. 9
132 筆者訳。なお原文には（Je）「私は」が多用されていたが、和訳部分では一部分を割愛して表記した。
133 *Cours élémentaire*（初版）、1904 年、p. 90
134 筆者訳

上述のテクストを比較すると *Cours élémentaire* は、*Premier livre* のオリジナルテクストを参考に執筆していた事が伺える。後述するが、*Premier livre* から引用した神に関する一文が *Cours élémentaire* では割愛されている点は、日本側でのキリスト教受容の困難さを物語っている。

　次に *Premier livre* の「Les meubles de la classe（教室の備品）」と *Cours élémentaire* の「Ce qu'on voit dans une classe（人々が教室で見る事）」の内容を比較検証する。

> *Premier livre*
> Les meubles de la classe sont : l'estrade du maître, la chaise, les bancs et les tables des élèves, les tableaux noirs, les tableaux de lecture et d'images, le chevalet, le fourneau, les rideaux et l'armoire, <u>le crucifix et la statue de la sainte Vierge.</u> Chaque élève a ses livres, ses cahiers et ses plumes. Le maître fournit de la craie, de l'encre, des crayons et des règles. Chaque objet est à sa place[135].

> 　教室の備品があります。教卓、椅子、生徒達の長椅子と机、黒板、読書と版画の光景、架台、炉、カーテンと戸棚、<u>十字架とマリア像。</u>各生徒は本、ノートそしてペンを持っています。先生はチョーク、インク、鉛筆と定規を配ります。それぞれの品物が所定の場所にあります[136]。

> *Cours élémentaire*
> Dans une classe, on voit le bureau du maître, la chaise, les bancs et les tables des élèves, un tableau noir, de la craie, des cartes de géographie, un globe terrestre, un poêle, des rideaux. Chaque élève a ses livres, ses cahiers, ses plumes, un ou plusieurs crayons et un encrier[137].

> 　教室の中で私達は教師の机、椅子、生徒達の長椅子と机、黒板、チョーク、地図、地球儀、ストーブ、カーテンを見ます。それぞれの生徒は書物、ノート、ペン、1つまたは数本の鉛筆とインクスタンドを持っています[138]。

　テクストに登場する言葉に注目すると、日本側の暁星学園とヴェルニエは *Cours élémentaire* の刊行時に、フランスのマリア会が刊行していた *Premier livre* の「Les meubles de la classe（教室の家具）」を参考にして「Ce qu'on voit dans une

---

135 *Premier livre*, 1866, pp. 33-34
136 筆者訳
137 *Cours élémentaire*（初版）、p. 79
138 筆者訳

classe（人々が教室で見る事）」を執筆した事が伺える。しかし、Cours élémentaire に「十字架とマリア像」を掲載していないのは何故なのだろうか。

『マリア会日本渡来八十年』によると、「1904年（明治37年）ヘンリック師の総本部長官宛の書簡には「文部省はゴーゼ氏の歴史教科書を余りにカトリック的であるとして教科書としての検定を拒絶した[139]」と記載している。つまり暁星学園側が刊行した教科書は全て文部省の検閲を受けていた為、キリスト教に関する言葉をフランス語で表記する事が困難を極めていた。

『明治以降教育制度發達史第四巻』によれば、官公立の男子中学校の外国語は「英語、獨語又は佛語トス」と記載されており、1ヵ国語のみを学習する事になっている。修身科目には宗教とキリスト教に関しては表記されていない[140]。つまり、文部省から認定を受け「私立暁星中学校」として認可された暁星学園は、中等教育段階の学生に宗教教育とフランス語と英語の2言語の外国語を教える教育課程が、官公立中学校の教育課程と大きく異なっていた。異例の教育を実施する20世紀初頭の暁星学園に対して、文部省は如何なる対応を取っていたのだろうか。

　1901年8月30日　ヘンリック校長から総長宛の書簡
　先日文部省督学官が学校視察に来た。私はすぐ1人の日本人を小学校につかわして警戒させてから、学校を隅から隅まで案内させた。すべてうまく行った。私は教室に『天地創造』以後の旧約物語の聖画を掲げている。それはカトリック以外の児童の関心を調査するためで、関心ある児童が説明を求めに来るのを期待したためである。ところが将校や政府の吏員が学校視察に来るときそれはしばしば起こるのだが、この絵を見て必ず「お前は学校で宗教を教えている」と、私を詰問する。そこで私は「今あなたは宗教を教えていると言ったが、あなたがいう宗教とは何か、あなた自身ご承知ですか。この絵は私たちが教える世界開闢の歴史で、歴史以外の何ものでもないのです」と答えると彼らは、「そうか、そうとは知らなかった」それでOKである。彼らは学校が世界開闢史を教えているのに満足した[141]。

---

139 『マリア会日本渡来八十年』、p. 67
140 『明治以降教育制度發達史第四巻』龍吟社、1938年-1939年、pp. 179-180
141 『マリア会日本渡来八十年』、pp. 148-149　漢数字は算用数字に書き改めて表記した。ヘンリックの書簡が保存されているローマ市内にあるマリア会本部では、手紙や日記等はマリア会の関係者以外は閲覧出来ない状態になっている為、『マリア会日本渡来八十年』に掲載された日本語訳を掲載した。

1901年10月29日　ヘンリック校長から総本部宛の報告
去る10月25日金曜日午後3時、文部省の督学官3名が正課として禁止になっている私の中学上級生の宗教と、セネンツ、レーベル両氏の英語の授業にいきなり足を踏みこんできた。 [...] 授業が終わって渡すが校長室に彼らを案内すると、彼らの1人が私に、「あなたたちは、禁止になっている宗教と英語を教えているので、私たちはあなたの学校を閉鎖することになるかも知れないと心配している。規定通りに授業をして、学校の認可と認定を続ける意向はないか。認可も認定もなければ生徒も来なくなるし、学校もつぶれる」というので、私は答えた。「われわれにとっても同様のことがいえる。仏語を選択する生徒は少なく大部分が英語に進んでいる。もし法の前に屈するとすればわれわれの中学校は亡びて、夜間外国語学校だけになるだろう。私が言いたいことは、あなたたちは、中学校を1銭の値うちもないもののように考えてはいないかと言うことです。文部大臣はあなたたちが考えているよりも、もっと重くわれわれの事業を見ているのですよ。すなわち大臣は、中学校でわれわれが仏語を教えることを絶対に望んでおられるのです。それで、今のところ、あなたたちを満足させるために仏語を犠牲にすることは出来ないのです。」こう言うと彼らはややおだやかな調子になったので私は語を続けた。「文部省の官吏は私に『中学校の教育課程を満足させた後であれば、英語だろうと、宗教だろうと、規定の時間割に組み入れても何ら差支えない』と言われているのですよ」と言うと、彼らは一斉に「そこですよ。英語は時間割にのせずに、教室の前の掲示に課外として別にしたら、万事うまくゆくでしょう」と[142]。

各種学校から、文部省認定の私立中学校へと学校の組織が変化してからは、文部省からキリスト教教育を行っている事への監視が強まった。しかし初代校長アルフォンス・ヘンリックは文部省の官吏との交渉で、正課以外の英語と宗教を教育課程に掲載せず、放課後に任意で教える方針を提案する事により難を逃れた。

宗教教育と英語教育について文部省と交渉が成立してから8年後、オリジナルテキストを掲載した1909年の *Cours moyen* には、ヴェルニエが独自に執筆した「L'enfant et les lunettes（少年と眼鏡）」のテキストに、旧約聖書に登場する人名が掲載されていた。

> Jules était un peu paresseux : à huit ans, il n'était pas encore capable de lire ! Sur la table du salon il aperçoit le livre où sa grande mère lui lit les belles histoires qu'il aimes tant : l'histoire de Joseph vendu par ses frères à des marchands égyptiens, les songes de Pharaon,

---

142 同書、pp. 149-150 漢数字は算用数字に書き改めて表記した。

Moïse sur le Nil, la victoire de David sur le géant, et bien d'autres encore. "Allons, dit-il, je puis bien lire aussi ; ce n'est pas si difficile. Quand grande mère rentrera, elle sera bien surprise de m'entendre raconter une histoire nouvelle." Et Jules ouvre le livre[143].

ジュールは少し怠け者でした。8歳の彼はまだ読む事が出来ませんでした！部屋のテーブルの上に彼は本を見つけ、それは祖母が彼の彼に読んだ素晴らしい物語で、彼が大いに好むエジプトの商人に兄弟を売ったヨゼフ、ファラオの夢、ナイル川のモーセ、巨人に対するダビデの勝利、そしてその他に数多くある物語でした。ジュール：「あの、僕もよく読めるよ。とても難しくはない。祖母が帰ってきた時、僕が新しい話を話すのが聞こえてきたら、祖母はとても驚くよ。」と彼は言いました。そしてジュールは本を開きました[144]。

上記の引用箇所で、*Cours élémentaire* と *Cours moyen* のオリジナルテクストの執筆者であるヴェルニエは、ヨゼフの物語からモーセとナイル河という言葉を紙面に掲載させる事により、教科書にキリスト教の色彩を強めさせようとしたのだろう。

このような技法は、果たして文部省の検閲の目から逃れる事が出来たのだろうか。1913 年に刊行された *Cours moyen* 第 7 版に掲載された「L'enfant et les lunettes（少年と眼鏡）」のテクストを確かめる事とする。

Jules était un peu paresseux : à huit ans, il n'était pas encore capable de lire ! Sur la table du salon il aperçoit le livre où sa grande mère lui lit les belles histoires qu'il aime tant. "Allons, dit-il, je puis bien lire aussi ; ce n'est pas si difficile. Quand grande mère rentrera, elle sera bien surprise de m'entendre raconter une histoire nouvelle." Et Jules ouvre le livre[145]

1913 年に刊行された *Cours moyen* 第 7 版では、青少年向けの読み物の内容を、テクストの紙面で説明した箇所が全て割愛されていた。筆者は「モーセ等の語彙が割愛された所以を『佛和會和大辞典』が 1905 年に出版された事に起因している」と推測している。

1957 年に『スタンダード佛和辞典』が出版された際、鈴木信太郎は明治から大正初期迄の仏和辞書に関する状況を序文で説明していた。

---

143 *Cours moyen*（第 6 版）、1909 年、p. 1　下線の強調は筆者による。
144 筆者訳
145 *Cours moyen*（第 7 版）、1913 年、p. 1　重複を避ける為、日本語訳は省略した。

二十世紀に入り，1905（明治三八）年に、公教宣教師ラゲ E. Raguet と小野藤太共編の「佛和會和大辞典」Dictionnaire Français-Japonais が，東京・ブリュッセル・パリの三書店を發行所として刊行された。この辞典に於いて初めて，各語がその語義によつて分類され細別され，数字記號の下に纏められて排列された，近代辞典の形態を整へたのである[146]。

このように明治、大正期にかけて、白水社の『模範佛和大辞典』が出版される迄は 1905 年に刊行された『佛和會和大辞典』が、明治後期から大正時代にかけて、フランス語学研究及びフランス文学研究に最適な辞書であった事が判明出来た。
　筆者は「1913 年の『L'enfant et les lunettes（少年と眼鏡）』の文中の割愛は、文部省が『佛和會和大辞典』を使用して検閲し、『モーセ』というキリスト教用語をオリジナルテクストに掲載した為、省略を求められた」と推測している。
　『佛和會和大辞典』の紙面から Mo のページに注目したところ、次のように記載されていた。

　　Moïse, sm. *"Moizesu"*, *"Mose"* 摩西 ; **moïsiaque**, a.=*no;Récit* －, =*rekishi* 歴史 [147];

　上述を現代語に直すと「Moïse. モーゼ」であり、キリスト教用語だという事が文部省に見抜かれた為、割愛を求められたと断定出来る。
　上述の論証をより強固に確証する為、ルカの福音から抜粋した「あなた方が他者に行う様に、彼はあなたに行うだろう」の項目の末文の出典名を確かめたい。

　Tiré de St. Luc[148]

　『佛和會和大辞典』の Lu の紙面を確かめても Luc、つまりルカは記載されていなかった。文部省側はキリスト教用語である「ルカ」という言葉を把握していたとしても、フランス語で記された固有名詞は辞書に記載されていなかった為に見抜けなかった、と断定する事が出来る。
　筆者は、講読教科書でオリジナルテクストを執筆したヴェルニエが文部省の検閲を攪乱させる為に、逆説的にキリスト教及びマリア会の思想とは関連性の

---

146 鈴木信太郎・他 『スタンダード佛和辞典』大修館書店、1957 年、序文 I
旧字体や漢数字等は原文通りに記載した。
147 E. Raguet／小野藤太 『佛和會和大辞典』三才社、1905 年、p. 507
148 *Cours moyen*（第 6 版）、p. 158

ないオリジナルテクストを多めに掲載させる事でキリスト教及びマリア会の思想を隠蔽させた。その上でごく一部のオリジナルテクストにキリスト教及びマリア会の思想を暗示させるオリジナルテクストを掲載していた、という結論を見出した。

即ち、キリスト教及びマリア会の教育思想とは関連性のないオリジナルテクストとは附録のリストに掲載した「地理」及び「自然」等の分野が該当するのではないだろうか。

次節では *Cours élémentaire* と *Cours moyen* に掲載されたオリジナルテクストからフランス国内の地理と自然の描写について論究する。

3節　オリジナルテクストに掲載されたフランス国内の地理と自然の描写.

　本節では *Cours élémentaire* 及び *Cours moyen* に掲載されたフランスの地理に関するオリジナルテクストと、同時代のフランス国内で刊行された教科書との比較を行う。

　具体的には1911年にルネ・バザンが、フランスのナンシーの教育機関である *L'Alliance des maisons d'éducation chrétienne*（『アリアンス・キリスト教育学校』）から、依頼を受けて書かれた *Douce France*（『やさしいフランス』）と、ジョゼフ・ヴェルニエが *Cours moyen* で執筆した掌編作品の比較を試みる。本章に附録した *Cours élémentaire* 及び *Cours moyen* のリストによればフランスの地理に関するオリジナルテクストは「France（フランス）」、「Paris（パリ）」、「Marseille（マルセイユ）」、「Lille（リール）」、「Bordeaux（ボルドー）」、「Lyon（リヨン）」等が挙げられる。

　1974年に白水社から刊行された『フランス文学辞典』によれば、「[...] 文学へのデビューは1880年ごろからで《両世界評論》誌などの雑誌に寄稿していたが、『インキの汚点』*Une tache d'encre*（1888）、『シシル』*Sicile*（1893）の2小説がアカデミー賞を得て文壇に認められた。[...] 自然に強い興趣をいだき，農民，労働階級者などの田園生活を多く描写していた。それゆえ，彼の作品にはいかにもフランスの伝統的な素朴な郷土色豊かなものが多い[149]。」と記載されていた。

　19世紀から20世紀前半にかけて、フランスの著名な作家達は活動地域がパリに一極集中していた時代であった。このような状況下で、ルネ・バザンは小説を執筆する際にフランスの地方を精密に描く為、地方都市へ滞在して、取材を行っていた。

　そして1930年代に刊行された『ルネ・バザン短篇選集』に掲載されたルネ・バザンのプロフィールによれば、「[...] 彼の現実描写は、青年時代からの影響によって自然への渇仰から、都会生活よりも田園生活の自然描写に多く力点を注ぎ、質朴粗野な農夫、労働者などを多く題材としたのである。従って彼は地方主義的作家と呼ばれる[150]。」と記載されている。

　上述の文献によれば、ルネ・バザンが描いた作品は、郷土色が強く地方主義的傾向という事が伺える。郷土色を題材にした小説を執筆したルネ・バザンが教育

---

[149] 日本フランス語フランス文学会編　『フランス文学辞典』　白水社、1974年、pp. 533-534

[150] ルネ・バザン『ルネ・バザン短篇選集』　萩原弥訳、中央書院、1936年、p. 289　旧字体ではなく新字体に変換して表記した。

機関用の教科書を執筆したのは何故か。*Douce France* の序文に記載された内容を確かめたい。

> Voici comment ce livre est né. Au mois d'août 1909, *l'Alliance des maisons d'éducation chrétienne* tenait, à Nancy, sa trente-deuxième assemblée générale. Elle s'occupa, parmi d'autres questions, des livres de lecture courante en usage dans les écoles, fut d'avis qu'il en fallait de nouveaux, et voulut bien m'inviter expressément à en écrire un. J'ignorais tout à fait le vœu qui me désignait ainsi. Il me fut communiqué quelques semaines plus tard. J'avais d'autres projets, d'autres travaux en cours. Il me sembla que je ne trouverais pas de temps pour celui-là. Et je refusai d'abord. J'avais tort. Je réfléchis, et je ne me sentis plus soutenu par ces raisons que j'avais crues suffisantes. [...] Bientôt je n'hésitai plus. Oui, j'écrirais pour les écoliers de France. Je leur dirais ce qu'est l'âme de ce pays, son caractère, sa vocation, son visage de nation. Le titre allait de soi. Ce serait *La Douce France* [...][151]

この書物がどのようにして生まれたのかを記します。1909 年 8 月、アリアンス・キリスト教育学校はナンシーで第 32 回の定例会議を開催しました。アリアンスはいくつかの問題の間で時間を費やしました。学校で、なお用いられ流通している読み物の本を新しくする必要があるという意見、そして私に 1 つ書いてみる事をはっきり招待する事を、まさしく要求しました。私はこのように示された願いを、全く知りませんでした。数週間後に私へ知らせました。私は講義に関するいくつかの計画、いくつかの仕事を抱えていました。その為に、時間を見つけ出せるとは思えませんでした。そしてわたしは最初、断りました。迷惑をかけてしまいました。私は良く考え、そして自惚れたと思っていたこれらの理由を主張しようとは感じませんでした。[...] やがて私は躊躇しませんでした。そう私は、フランスの小学生達に書くでしょう。私は小学生達に、この国の精神、特色、資質、国家の様相が存在する事を示すでしょう。タイトルは言うまでもありません。それは『やさしいフランス』になるでしょう[...][152]

序章を要約すると以上のように記載されている。目次には「Le paysan de France（フランスの農民）」、「Le Laboureur（耕す人）」、「Les bœufs d'Alsace（アルザスの牛）」、「Le meunier（製粉業者）」等が記載され、全部で 53 作品から構成されている。いずれも 2 ページから長くとも 15 ページ程度の掌編、または短

---

151 René Bazin, *Douce France*, J. de Gigord, Paris, 1911, avant-propos
　以降は書名とページ番号のみを表記する。

152 筆者訳

編が掲載されている事が伺える。

次にルネ・バザン執筆の「La France est variée（フランスは多彩）」と、ジョゼフ・ヴェルニエ執筆の「France（フランス）」を比較考察する。

最初に「La France est variée（フランスは多彩）」における冒頭の描写を確かめたい。

> Les paysans sont la forte infanterie des nations et les ouvriers seraient plutôt la cavalerie légère. Les paysans se remuent lentement, ils ont la patience, l'endurance, et, dans la France tout au moins, ils sont le nombre, l'élément principal de la population. Mais vous devinez bien que dans cette armée il y a beaucoup de régiments, qui n'ont ni le même uniforme tout à fait, ni les même qualités dans le travail de chaque jour. [...] Prenez une carte de géographie ; tirez une ligne du nord au sud, de Cherbourg par exemple, à la frontière des Pyrénées. Que trouvez-vous ? D'abord la Normandie, pays d'herbages et de pommiers. La seule présence du pommier indique la qualité du climat et celle du sol. Car le pommier n'est pas un bonhomme d'arbre de robuste santé, comme on le croit, et qui se plaît partout, et qui produit chaque année des pommes. Quelle erreur de citadin ![153]

> 農民は国民からなる力強い歩兵であり、労働者はむしろ軽装備の騎兵でしょう。農民はゆっくりと動きます。少なくともフランスの中では根気と持久力を持っています。農民は人口の主要な要素の数になります。けれどもあなた方は多数の兵士がいるこの軍隊にも関わらず、全く同じ洋服も、毎回の仕事において同じ価値ではない事を見抜いていますね。[...] 地理の地図を手に取って欲しいのです。ラインを北から南へ引いて欲しいのです。例えばシェルブールからピレネーの国境に。あなた方は何を見出すでしょう？最初は牧草地とリンゴの地方のノルマンディー。ただリンゴがある事を、地方と風土の長所として指し示しています。というのはリンゴがたくましい健全な木々のお人よしではありません。まるで信じていて、至る所を好み、毎年リンゴを生産します。都会の人々はどれほどの過ちを犯しているのでしょう！[154]

最初の文章からフランスの農民を描写し、まるで首都パリを回避するかのようにノルマンディー地方の風土を描写する。そしてルネ・バザンは都会の人々を批判する内容を書き綴っている。物語は他にもアンジェ地方の田園風景、ランドの松林等を描写している。地方、及び郷土を舞台にした作品を好むルネ・バザン

---

153 *Douce France*, p. 6

154 筆者訳

はパリ、芸術、モード等については言及しなかった。

それではジョゼフ・ヴェルニエが執筆した「France（フランス）」では、フランスの国内についてどのように描写しているのだろうか。作品の冒頭部分を確かめたい。

> La France est un des grands pays de l'Europe. Elle est bornée, au nord, par la Manche et la Belgique ; à l'est, par l'Allemagne, la Suisse et l'Italie ; au sud, par la Méditerranée et l'Espagne ; à l'ouest par l'océan Atlantique. La France offre un aspect très varié. Au nord, la contrée est plutôt plate, entrecoupée par d'agréables collines ; tandis que l'est est hérissé de hautes montagnes. La frontière, de ce côté-là, est presque uniquement composée de chaînes de montagnes : les Vosges, le Jura et les Alpes. L'ouest présente les belles plaines de la Touraine que l'on a surnommées "le Jardin de la France." Tout à fait à l'extrémité, en Bretagne, le pays est rude et couvert de bruyères stériles. Au sud-est, le long de la mer, on rencontre également de vastes terrains incultes. [...] Ce sont les Landes. Mais le reste du midi est très fertile. Les oliviers et les orangers y poussent comme dans les pays chauds, et les coteaux sont couverts de riches vignobles qui font de la France le premier pays vinicole du monde[155].

> フランスはヨーロッパにある偉大な国の1つです。北側はイギリス海峡とベルギー、東側はドイツ、スイス、イタリア、南側は地中海とスペイン、西側はアトランティックに挟まれています。フランスはとても様々な様相を呈しています。北部の地方は気持のよい丘が途切れ、むしろかなり平坦です。一方、東側は高い山脈がそそり立っています。東側の国境はもっぱらほとんど、ヴォージュ山脈、ジュラ山脈、アルプス山脈で構成されています。西側はフランスの庭園の異名を取る見事なトゥレーヌ平野を見せています。国家の突端はブルターニュ地方であり、実がならないヒースで覆われ荒々しいです。海沿いに沿った南東は均等で、広大な未開の土地に突き当たります。[...] それは、ランド地方です。けれども南方の残りは、とても肥沃です。オリーブの木とオレンジの木は暖かい地方なので伸び、フランスを世界一のブドウ生産国にしています[156]。

ジョゼフ・ヴェルニエは最初からフランス全体を鳥瞰する為、アルプス山脈、ブルターニュ地方を作品に登場させている。その反面「パリは政府の本拠地で国

---

155 *Cours moyen*（第7版）、1913年、pp. 92-93
156 筆者訳

の首都、フランス人は自由への愛、文学と芸術のセンス、礼儀正しさで有名[157]」とパリおよび、芸術、文化についてはわずかばかりの描写にとどまっている。

　ジョゼフ・ヴェルニエは、*Cours moyen* を執筆時、ルネ・バザンの *Douce France* を入手して「N'ayez pas peur（恐れるな）」を抜粋形式で掲載した時に同書の他の項目を参考にして、フランスの地理、具体的には首都・パリや芸術ではなく、地方と地方の編み出した文化を中心に描き、広域的にフランスを概括する事で、学生達にフランスの様々な地域の特徴を把握させようとしていたのだろう。

　次節では *Cours élémentaire* 及び *Cours moyen* のテクストに掲載された機械文明の描写について論究する。

---

157 *Cours moyen*（第7版）、pp. 92-93 の筆者訳

4節　オリジナルテクストに掲載された機械文明の描写.

　Cours élémentaire と *Cours moyen* に掲載されたオリジナルテクストの各項目には、1節で提示した通り、歴史・伝記、童話、フランスの地理、道徳や倫理性を帯びたテクスト、日本を題材にしたテクスト等を中心に、ほとんどはジョゼフ・ヴェルニエが執筆したオリジナルテクストによって教科書が構成されている。

　しかしながら、上述の項目のいずれにも該当せず異彩を放っているいくつかのテクストがある。それは機械文明に関するテクストである。本節では上述の機械文明に関するテクスト分析を試みる。

　最初に 1910 年の *Cours élémentaire* の紙面に初めて掲載された「Le tramway（路面電車）[158]」の内容を確認する。

> Je demeure assez loin de l'école. Le tramway passe devant chez nous. Il y a un arrêt tout à côté de notre porte. Quand il est l'heure de partir pour la classe, je monte dans le tramway, et, vingt ou vingt-cinq minutes après, j'arrive à l'école. Je n'achète pas mon billet chaque jour ; j'ai un carnet de cinquante tickets. Toutefois, quand je voyage avant sept heures, en été, et avant huit heures, en hiver, j'ai avantage à acheter un billet d'aller et retour de cinq sen. Au moment où le conducteur passe pour pincer mon billet, je lui demande une correspondance. Je change de tramway à Sudacho. Quand il y a beaucoup de voyageurs, je ne puis pas m'asseoir sur la banquette ; alors je me tiens debout. Si une dame ou un vieillard entre, je lui cède ma place. Quelquefois aussi le tramway et complet à l'intérieur, alors je reste sur la plat-forme, mais en hiver ou les jours de pluie, c'est très désagréable. Je ne descends jamais du tramway avant qu'il ne soit complètement arrêté, car c'est très dangereux de le faire[159].

　私は学校から十分、遠くに住んでいます。路面電車が私達の家の前を通っています。私達の門のすぐ側に、停留所があります。それ（列車）が教室に向かって出発する時に、私は路面電車に乗り、20 分か 25 分後に学校に到着します。私は毎日、切符を買っていません。50 枚の回数券を持っています。それでも夏の 7 時前、そして冬の 8 時前に旅行する時は 5 銭で往復する切符を買った方が良いです。運転手が私の切符を挟む時に、彼（運転手）に、乗り換えを尋ねます。私は須田町で路面電車に乗り換えます。乗客が多くいる時は、私は座席に座りません。なので、私は立ったままでいます。もし、女性、あるいは老人が入ってきたら、私は席を譲ります。

158　「Le tramway」は、1935 年（第 10 版）迄、掲載されていた。
159　*Cours élémentaire*（第 4 版）、1910 年、pp. 54-55

その上、時には路面電車は内部が満員になり、その時はプラットホームに留まっています。夏はプラットホームの上に居残っている事が好きですが、しかし、冬あるいは雨の日は、とても不愉快です。私は路面電車が完全に止まる前には決して下車しません。というのはその事を行うのはとても危険だからです[160]。

一見すると何ら変哲がない20世紀初頭の都会の日常を描いたテクストであるが前述した通り、*Cours élémentaire* の紙面には倫理、歴史、自然等のテーマを中心としたオリジナルテクストが掲載されている。

故に東京を舞台にした鉄道に関するオリジナルテクストは、非常に違和感がある内容である。

「Le tramway（路面電車）」のテクストを理解する為に、当時の鉄道を巡る状況を把握したい。フランスではいつから鉄道が走るようになったのだろうか。

　1833年に制定された鉄道法では、鉄道についての国家の権限が明文化されていた。すべての鉄道は名義上国家の所有とし、鉄道会社は用地、施設を99か年以内の期限付きで借用する形式をとったのである。当時のフランスは基本的に農業国で、イギリスのような資本の蓄積が十分ではなかった。[...] 1842年6月11日に公布された新しい鉄道法は、フランスの幹線鉄道網の建設を促進するため、新たな手法を打ち出した。この法律では、パリから放射状に配置された7線区と横断線2線区を指定し、政府はそのための用地と線路の基盤土工、橋梁、トンネル、駅などの取得と建設を行い、鉄道会社はバラストから上の線路設備、機関車などの車両、信号保安設備などを準備するという取り決めがなされた[161]。

このようにフランスでは1830年代から鉄道法が制定されて、パリを中心に全国に路線が配備されて行く。「*Choix de lectures françaises* シリーズ」の著者であるマリア会修道士ジョゼフ・ヴェルニエは来日する迄、青年期を過ごしたアルザス・ロレーヌにも19世紀の半ばには、鉄道が整備されていった。日本では、1873年に品川から横浜間を蒸気機関車が開通して以降[162]、1890年5月に初めて電気式の電車が走行した[163]。つまり路面電車の誕生である。

ジョゼフ・ヴェルニエは1909年当時、都市の最先端の機械文明を描写してい

---

160 筆者訳
161 青木栄一『鉄道の地理学　鉄道の成り立ちがわかる事典』WAVE出版、2008年、pp. 109-110
162 原田勝正『明治鉄道物語』筑摩書房、1983年、p.79
163 同書、p. 209

たのである。

しかしながらフランス国内の教科書を取り巻く状況を調べていくと19世紀以降に、フランス国内の出版社で刊行された初等教育機関用国語教科書 *Le livre de lecture courante* には、いずれの出版社のバージョンにも機械文明に関するテクストが掲載されていない。

またフランス語教育史の大家アンドレ・シェルヴェルの *Les auteurs français, latin et grecs au programme de l'enseignement secondaire de 1800 à nos jours* によれば中等教育段階の国語教科書では、文学作品の抜粋集である *Morceaux choisis* と文学作品の原文を教材としている。従って上述のような機械文明の描写は、ジョゼフ・ヴェルニエが手掛けた教科書特有の表象なのだろうか。

筆者は同時代の英語講読教科書に着目し、日本の中等教育段階の英語教科書の書誌を研鑽した大村喜吉、出来成訓が編集を手掛けた『英語教科書の変遷』に掲載された教科書一覧のリストを手掛かりにして、1880年代から1909年迄の英語の講読教科書を調べた。

しかしながら、いずれの教科書も機械文明に関するテクストは掲載されていなかった。そして西堀昭の『日仏文化交流史の研究：日本の近代化とフランス』（駿河台出版社、1988年）には、明治、大正、昭和(1945年迄)に出版されたフランス語の教科書教材のリストが掲載されている。リストを参考にして1890年代から1909年迄のフランス語講読教科書の紙面内容を調べても、機械文明に関するテクストは掲載されていない。従って1910年の *Cours élémentaire*（第4版）に掲載された上述のオリジナルテクストは時代を先取りしていたと解釈する事が出来る。

それでは「Le tramway（路面電車）」を執筆したジョゼフ・ヴェルニエは、近代化の道を辿って行く日本をどのように捉えていたのだろうか？。月刊誌『ふらんす』（白水社）の前身となる雑誌*La Semeuse*の1928年7月号では「風景に対する憐み」というエッセイを掲載していた。

> Déja l'industrie a dévasté nos campagnes. C'est elle qui a élevé ces hautes cheminées dont la fumée noire barbouille l'azur du ciel. C'est elle qui a planté ces forêts de poteaux télégraphiques et de pylônes qui hérissent ces paradis de verdure dont la vue réjouissait jadis les yeux de nos ancêtres. [...] Mais je ne saurais garder la même indulgence à l'égard de l'habitude américaine de placer au milieu des chapms et des rizières, souvent dans les endroits les plus beaux, ces horribles réclames sur planches, zinc, que sais-je, toutes plus laides les unes que les autres. Ne se fondera-t-il pas une société pour défendre les beaux paysages du japon ? Si, dans les villes le repos est désormais impossible, qu'on puisse au

moins aller le goûter de temps en temps à la campagne ! [164]

　既に工業は、私達の田園を荒廃させました。それ（工業）はこれらの高き煙突を築き、空の紺碧を黒い煙で汚しています。かつて、私達の祖先の両目を喜ばせていた眺めの、これらの緑の楽園を覆う鉄塔や電柱の林を立てたのもそれ（工業）です。[...] しかし私は田畑の真ん中、丘や柵のすぐ近く、よく最も絵になって美しい場所に、これらの恐ろしい広告、板、亜鉛、その他色々、他の物よりも見にくいアメリカの習慣に対して、同じく寛容を保てなくなっています。日本の美しい風景を守る為の会が、設立されないのでしょうか？都市の中での休憩は、これから不可能だとしても少なくとも、時々、田園にそれ（景色）を味わいに行きたいです！[165]

　このようにオリジナルテクストを執筆したジョゼフ・ヴェルニエは必ずしも、近代が産出した機械文明を礼賛していた訳ではなかった。
　従って「何故、ジョゼフ・ヴェルニエは不本意ながらも機械文明に関するオリジナルテクストを教科書に掲載したのだろうか？」という疑問がここに浮上する。この疑問を解明する前に、他の機械文明に関するオリジナルテクストを考察する。
　機械文明に関するオリジナルテクストは *Cours élémentaire* だけではなく、1904年（第5版）迄は文学作品を抜粋した書物であったのにも関わらず、1909年（第6版）の改版時からジョゼフ・ヴェルニエによるオリジナルテクストを中心に掲載した *Cours moyen* にも掲載されていた。同書から「Le poste, le télégraphe, le téléphone（郵便、電信、電話）」のテクストを確かめたい。

　　Le facteur vient de passer. Il m'a apporté mon courrier. J'ai reçu deux lettres, une carte postale illustrée et un journal sous bande. L'une des deux lettres vient d'Europe ; c'est un de mes bons amis, faisant son tour du monde, qui me donne de ses nouvelles. Que c'est commode la poste ! Pendant que je travaille tranquillement comme d'habitude, et même pendant que je dors, une lettre, envoyée à un ami qui se trouve à des milliers et des milliers de lieues, voyage avec rapidité et lui arrive à peu près à l'heure précise où il l'attend. Ai-je donc toute une armée de serviteurs à mon service ? Pour dix sen une petite enveloppe timbrée voyage d'un bout du monde à l'autre, passe par toutes sortes de mains, va en voiture, en train, en bateau et atteint son but, plus vite que ne l'aurait fait l'homme le plus diligent, qui eût été obligé de s'arrêter de temps en temps pour se reposer, dormir, manger, boire, etc. Quelle

---

164　Joseph Vernier, « Pitié pour les paysages ! », *La Semeuse,* 1928, no7, pp. 11-12
165　筆者訳

merveilleuse organisation que le service postal international. Je puis, par lui, me mettre en rapport avec toutes les parties du monde ; je puis, par une simple carte postale causer presque sans frais avec un ami où qu'il soit ! Je puis, au moyen d'un mandat, envoyer de l'argent à un marchand, qui m'adressera en retour, par colis postal, ce que je lui demande. J'ai reçu ainsi dernièrement des livres venant de Paris. Mais la merveille ne s'arrête pas là. Par le télégraphe électrique, en quelques minutes, les journaux ont connaissance des événements principaux qui se passent dans les cinq parties du monde. Ils peuvent ainsi, nous dire chaque matin, ce qui est arrivé la veille à Paris, à Londres, à Berlin, à New-York...etc...etc... Je puis même utiliser le télégraphe pour mes affaires personnelles. Si j'ai une nouvelle très pressée à communiquer à un ami éloigné, je lui envoie un télégramme ; il le recevra en quelques minutes, même s'il est au-delà des mers. [...] Et que dire du téléphone ? N'est-ce pas extraordinaire que je puisse causer pour quelques sous, avec un de mes amis habitant la même ville que moi ou la ville voisine ? Bientôt la science nous donnera le moyen de communiquer sans fil et à de très grandes distances. Où l'homme s'arrêtera-t-il dans ses étonnantes découvertes ? Quels secrets la Providence lui permettra-t-elle de trouver encore, pour le récompenser de son travail ? N'oublions pas que l'homme, s'il travaille seul, ne peut rien et qu'il n'est arrivé au progrès actuel que par l'union des efforts de tous[166].

　郵便配達員が立ち寄ったところでした。彼は私に郵便物を持って来ました。私は2通の手紙、絵葉書と帯封で包まれた新聞を受け取りました。2通の手紙の1通はヨーロッパから来ています。それは世界一周をしながら、消息を伝えている私の友人の1人です。どれほど郵便は便利なのでしょうか。私がいつものように平静に仕事をし、そして眠っている間、無数のそして1000海里にいる友達から送られた手紙は急速に運ばれて、それを待っている人にはほとんど定刻通りに到着します。すなわち私は自分の仕事に仕えるまさに大勢の奉仕者がいるのですか？10銭の代わりに切手を貼った小さな封筒は、世界の果てから果てへ旅行し、色々な人の手を通り、自動車、列車、船によって進んでいき、時々、休息、睡眠、食事、飲食等で止まる事を避けられなかった人間よりも急いで動き、目的地に到着します。国際郵便サービスはどれほど驚異的な制度なのでしょう。それ（国際郵便サービス）によって、自分自身を世界のあらゆる所と関係を持っていられます。私はただの絵葉書で友人がどこにいようとも、その場にいるかのようにほとんど費用をかけず話をする事が出来ます。私が依頼した郵便小包をお金の代わりに商人へ為替を使い、送金が出来ます。このようにして私は最近、パリから来た本を受け取りました。けれども驚くべき事はこれで終わりません。電気電信によって数分でニュースが5大州（大

---

[166] *Cours moyen*（第6版）、pp.100-102

陸）で起こった主要な出来事を知る事が出来る状態です。それら（ニュース）は毎朝、パリ、ロンドン、ベルリン、ニューヨーク等、前日に起きた事を伝える事が出来ます。私は電気電信さえ私的な用件の為に、利用する事が出来ます。もし私が遠く離れた友人にとても急いで情報を伝達するならば、私は友人に電報を送信します。友人は例え海の彼方にいても、電報を数分で受け取るでしょう。電話について思う事？電話のおかげで私は移動せずに、私と同じ町または隣の町に住んでいる友人の1人と話す事が出来るのは不思議な事ではないでしょうか？やがて科学は私達に電線のない長距離を通信する方法を生み出すでしょう。どこで人間は驚くべき発見を止めるのでしょう？神はどんな神秘を人間に対して業績の報いを与える為に、まだ見つける事を可能としているのでしょう？ただ1人で活動をしても何も出来ず、すべての努力の結合によってだけ、現在の進歩に到達した事を人間は忘れてはいけません[167]。

1909年時点での、日本とヨーロッパにおける当時としては最新鋭の通信手段を素材として、作成されたオリジナルテキストである。

上述のテクストの最後のセンテンスには「神はどのような神秘を、人間に仕事について報いるのと引き換えに見つける事を可能にするのでしょう？」と記載している。このように機械文明に関するオリジナルテキストに関して考察を進めようとすると、次々と疑問と矛盾が浮上してしまう。

1945年、ジョゼフ・ヴェルニエが疾病によって死去後は「*Choix de lectures françaises* シリーズ」は1950年代から1970年代迄の間をマリア会修道士であり戦後長らく、暁星中学・高校でフランス語教師を担当していたアルベール・ヘグリが著作権継承者となった。

戦後、*Cours élémentaire* の改版は1953年に一度だけ行われたが、その際に新しく掲載されたアルベール・ヘグリ執筆によるオリジナルテキスト「Télévision（テレビ）」の内容を確かめたい。

    Avez-vous assisté au jeu de baseball hier après-midi ?

  —Parfaitement !... tout à mon aise, dans mon fauteuil...

  Ah !... vous avez la télé ?

  —Oui, depuis un mois ; et c'est joliment commode !

  Je vous envie ; mais mes moyens ne me permettent pas encore ce luxe.

  —Faites comme moi : achetez un appareil à crédit : je m'acquitte peu à peu chaque mois.

  C'est une idée ! au lieu de payer comptant en une fois, je pourrai peut-être payer par

---

167 筆者訳

mensulalités
— Cela en vaut la peine, je vous asuure. J'y réfléchirai...[168]

「あなたは昨日の午後、野球ゲームを見物しましたか？」
「ーもちろんです。私の肘掛け椅子で気がねがなく。」
「ああ！あなたはテレヴィジョンを持っているのですか？」
「ーはい、1ヵ月前から。そして、それはとても便利です。」
「私はあなたを羨みますよ。しかし私の財力では、まだこの贅沢をする余裕がありません。」
「ー私のようにすれば良いのです。分割払いで器具を買いなさい。私は毎月、少しずつ、支払っています。」
「それは良い考えですね。一度に完全に支払う代わりに、おそらく私は月賦で支払う事でしょう。」
「ーそれだけの価値がありますよ。私はあなたに断言します。そのこと（月賦）をよく考えましょう[169]」

このように日本で1953年の2月にNHKがテレビ放送を開始した同じ年に、外国語教科書にテレビに関するオリジナルテクストを取り上げていたという史実は、英語やドイツ語の教科書には存在せず暁星学園のフランス語教科書だけであった。

1910年以降、長らく「*Choix de lectures françaises* シリーズ」のオリジナルテクストを執筆したジョゼフ・ヴェルニエが死去した後も、著作権継承者であるアルベール・ヘグリも同じく積極的に当時の機械文明を描写していた訳は何故であろうか。

第1章で引用した『日本マリア会学校教育綱領』には、戦前から戦後にかけて、考案されたマリア会の教育理念、日本のマリア会経営の学校における教育方法を明文化した内容が記載されている。

文中の「マリア会学校の教育方針」の項目の一部に、機械文明を掲載した原因となる項目が掲載されていた。

「Ⅲ賢明な時代の適応」
今日の科学と技術の上に築かれた文化と科学を把握し、応用できる人間。日ごとに地上に進展する生命の中に完全に適応してゆける市民を育てるには、学校自体がた

---

168 *Cours élémentaire*（第12版）、1953年、pp. 59-60
169 筆者訳

ゆみなく、現実の複雑性と、行進しつつある社会性を理解したうえで、真剣にその適応を考えねばならない。マリア会教育誌は、「進歩に追従しようとするマリア会学校の教育者に、何ものも制限を加えることはできない。いな我々の野心は、追従ではなく、それを追い越し、導き、補足することである。」と言う。マリア会学校の教師が新時代の現実に進んで飛び込み、その先端に立とうとするのは、けっして新奇を追うためではない。[...] シャミナード師[170]はこの点に関し、非凡な現実家だった。彼は、時代遅れの、麻痺し、膠着した活動を極度にきらった。「新時代には新戦術を」というのが師の格言だった。独立不羈の性格を持ち、便々として過去を惜しむかわりに将来を見つめる師の思想は、人まねに満足ができなかった。師の伝記者は「変更を要しないことがらについては忠実に伝統を保ったが、なんら固定性を備えず、時代と場所と習慣の変動に応じて改革せねばならない流行や形式等には、大胆に修正を加えた。また因習のとりことなった者には、意見の対立や背離もあえて辞さなかった。」としるしている[171]。

ヴェルニエとヘグリは、上述で引用したマリア会日本管区の教育理念の 1 つである「賢明な時代の適応」に基づいて、機械文明の描写に関するオリジナルテクストを執筆したと解釈出来よう。つまり明治期以降、先進国の仲間入りを目指し、第 2 次世界大戦後も復興を目指す日本の教科書に、彼らの本心に基づくものなのか？については疑問が残るが、マリア会の教育理念に基づき機械文明を描写する事で「賢明な時代の適応」を学生達に浸透させようという思惑を執筆者のジョゼフ・ヴェルニエとアルベール・ヘグリは抱いていたという事に他ならない。

次節では、「*Choix de lectures françaises* シリーズ」に掲載された修道士ジョゼフ・ヴェルニエによるオリジナルテクストとマリア会日本管区の教育理念との関連性について論究する。

---

170 19 世紀にフランスのボルドーでマリア会を創立させた神学者。正式名称はギョーム・ヨゼフ・シャミナードである。
171 『日本マリア会学校教育綱領』、pp. 134-135

5節　マリア会の教育理念と *Cours élémentaire*, *Cours moyen* との関連性.

本節では *Cours élémentaire* 及び *Cours moyen* に掲載されたオリジナルテクストと、マリア会日本管区の教育理念との関連性を解明する。
マリア会日本管区の教育理念に関する資料は極めて少なく、1963 年に出版された『日本マリア会学校教育綱領』が最も系統立った資料となる。

しかし時間軸を考慮すると、戦前から刊行を開始した *Cours élémentaire* 及び *Cours moyen* との関連性の有無について疑問が浮上してしまう。ここで『日本マリア会学校教育綱領』の「はしがき」の項目に着目する。

> 本書は、本会学校の教育または経営の根本方針を指摘するにすぎないものですが、本会学校の職員はもちろん、生徒・父兄もじゅうぶんその本旨をそしゃくして、さらに本会学校についての理解をふかめ、もって「生徒を通してその国民の教養をたかめ、国家の繁栄に寄与する。」ことを念願とされた本会創立者ヨゼフ・シャミナード師の意図が如実に実現されることを期待するわけであります[172]。

20 世紀の中期に出版された教育理念に関する書物であるが、実情は 19 世紀のマリア会誕生初期の教育理念を継承した書物である事を示唆している。
しかし書名から推察すると「『日本マリア会学校教育綱領』はマリア会系列学校の宗教科目に付随する書物ではないか」という疑問が、今度は浮上してしまう。「マリア会学校の教育目的」の項目には下記のような文面が記載されていた。

> マリア会学校において道徳教育は、「我々の中にある無秩序に秩序を与える。」ことにある。それは脱線した我々の情欲あるいは自我からの脱却をさしている。[...] 教育は教科目自体の問題よりむしろふんいきの問題である。1 つの学校がキリスト教的学校であるということは、その学校で、<u>他の科目と並んでキリスト教教義が教えられることではない。キリスト教精神で全科目が教えられる事である</u>[173]。

下線部の文章に基づけば、フランス語の科目と授業で使用されている *Cours élémentaire* 及び *Cours moyen* の紙面には、キリスト教精神即ちマリア会の教育理念が反映されている、と解釈出来る。

---

172 『日本マリア会学校教育綱領』、はしがき
173 同書、pp. 56-57　漢数字のみ算用数字に書き改めた。下線部の強調は筆者による。

本節では『日本マリア会学校教育綱領』の紙面に記載されている「マリア会学校の教育目標」、「マリア会学校の教育方針」の各項目と *Cours élémentaire* 及び *Cours moyen* に記載されたオリジナルテクストとの関連性を解明する。
　「マリア会学校の教育目標」には「感情の円熟」、「智恵の円熟」、「意志の円熟」、「社会的円熟」、「精神の円熟」、「道徳的円熟」等、6項目の目標が提示されている。
　「感情の円熟」とオリジナルテクストとの関連性を解明する前に、同項目の概略を下記に示す。

> 健全な感情は平均した心理生活の基礎の上に立ち、それに方向を与えるのは智恵であり、円熟した智恵の指向なくしては、意志は最高善に向かってなんらかの拘束や逡巡を振り切っていくことができない。[...] 正常な人間の間で自制心が養成されておれば、感情の表現には節度があり、少なくとも外面的に抑制される。しかしそれができないとき、感情は露骨な激動とさえなって現われる。非意識的に本能にもてあそばれる子供の場合がそうである。[...] 愛情の円熟の最後の目標は、愛情が理性と同様のものを欲するようになるところにある。聖者といわれる人が、なんらかの行為の前に熟考するのは、その行為の難易あるいはそれに対する自己の好悪についてではなく、理性的か否かである[174]。

　一般的に幼少期から青年期にかけての人間は、自己同一性と共に感情の操作が確立され難い状態にある。マリア会学校の教育目標である「感情の円熟」とは、上述の内容を鑑みて心理生活が安定した状態が続き、生徒達が智恵と共に、理性を保ちながらも豊かな感情を育ませようとしているのであろう。
　ヴェルニエが *Cours moyen* 第6版に執筆したオリジナルテクストの1つである「J'aime mieux les deux（私は2人が好きです）」は次のような内容である。

> On m'a demandé ce matin, qui j'aimais le mieux, petit père ou petite mère. J'ai répondu : Je ne sais pas. Ils sont si bons tous les deux ! Mais papa, c'est un homme, et on s'entend toujours entre hommes ! Il m'a acheté pour ma fête un joli petit poney brun. Maman ne voulait point, craignant quelque chute. Mais papa dit : Un garçon doit s'aguerrir. Il m'a appris à monter. [...] Quand j'ai été dernier en géographie, Oh ! il y a longtemps ; au moins, trois mois. Eh bien, il était très fâché. C'est maman qui a promis que je travaillerai mieux. Et j'ai tenu sa promesse ! [...] Que je suis sot ! Mais puisque le bon Dieu nous donne un père et une mère, c'est que les deux sont nécessaires et sont aussi bons chacun de son côté. Et cette fois

---

174　『日本マリア会学校教育綱領』、pp. 58-61

vous pouvez le dire à papa et à maman. Pardi. J'aime mieux les deux[175].

　昨朝、誰かが私に「自分自身は父または母のどちらが好きですか？」と尋ねました。私はこう返事しました。「私は知りません。」彼らは2人ともとても立派です！けれども父は、男性同士、常に仲が良いです。父は私の誕生日の為、いとしく小さな素晴らしい仔馬を買いました。母は少しの転倒を恐れている事を望んでいませんでした。けれども父は言いました。「少年は強くならなければいけない。」父は私に（山に）登ることを教えました。[...] 私は地理（のテスト）で最後の人だった時、ああ、だいぶ前でした。少なくとも3カ月前、彼はとても遺憾でした。私がより快適に勉強することを保証したのは母です。そして私は約束を守りました！[...] 私は何と愚かでしょう。だけれども善良な神は、人々に必要不可欠な2人でそれぞれが同じような魅力を持っている父と母を贈りました。そしてその時、あなた方は父と母にこのように告げるでしょう。もちろん私は2人が好きです[176]。

「子供が母と父のどちらが好きか？」をテーマにしている。冒頭の文章を読むと両親は子供に厳しさを伴った躾を行う「父性原理」の持ち主である事が把握出来るが、文末に近づくに連れて母親が「母性原理」を帯びた行いをしている。
　一読すると日露戦争後、先進国の仲間入りを果たす為に、日本の若者に必要な鍛錬を育ませる内容と捉えがちである。しかし両親を大切にしている事に気づくようになって物語は終わる。「マリア会学校の教育目標」の1つである「感情の円熟」の項目には、子供と両親の関係に関しても言及している。

　　子供の安定感は、快楽の本能的欲求をいかに両親にしつけるかにかかっている。子供の本能が我意を主張するとき、自分が愛している、また愛されていると感ずる両親の譲歩しない平静と忍耐に遭遇して、じょじょに要求を捨てるであろう[177]。

テクストの中では、「父親」と「母親」を二者択一させる事を命題とさせる事により子供に「要求を捨てた理性」を抱かせている。
　上記迄の検証から「J'aime mieux les deux（私は2人が好きです）」は両親への愛情を抱いた「感情の円熟」をテクストの読解を通じて抱かせようという思惑を孕んでいる事が把握出来る。

---

175 *Cours moyen*（第6版）、pp. 16-17　「J'aime mieux les deux（私は2人が好きです）」は、1909年の第6版にのみ掲載された。
176 筆者訳
177 『日本マリア会学校教育綱領』、p. 62

続いて「智恵の円熟」とオリジナルテクスト「D'où vient le pain（どこにパンは由来しますか）」の関連性を検証する。

「智恵の円熟」は如何なる教育理念を孕んでいるのだろうか。

> 知識教育の目標がどこにあるかということは、なんのために智恵があるかということから判断される。その第一は、地球に隠されている法則の相関関係を現実的な形で捕えかつ応用するためである。単なる想像によってではなく、神の思想の中に現実にあるがままに捕えようとするにある。真理は人が作り出すものではなく、それを思考し発見する以前に存在するものである。形而上学といえども、現実の科学と直結するものでないなら、対象を持たない単なる空想にすぎない。[...] 知恵が真理に根ざすとき、われわれのすべては均衡が取れたということができ、そのとき知恵は正しい人間を作ったという。[...] 知恵が真理に根ざさないかぎり、我々のすべては均衡を失ってくる。知恵の修正こそ人格の勝利の本質である[178]。

マリア会の「智恵の円熟」とは、現今の事象が現実の科学に根ざした事を理解させた上で、学生達と人間に必要な知識を育成させ、場合によっては矯正させる事を示している。

比較対象となるオリジナルテクスト「D'où vient le pain（どこにパンは由来しますか。）」とは、如何なる内容なのだろうか。

> Un jeune enfant de la ville, sortant pour la première fois à la campagne avec son père, passa près d'un champ de blé.
> —Père, regarde donc comme cette herbe est haute, dit-il sans réfléchir.
> —Ce n'est pas de l'herbe ordinaire, mon enfant, c'est du blé.
> —Du blé ! mais il ne ressemble pas au blé que j'ai vu chez le marchand.
> —Chez le marchand tu as vu des grains de blé. Regarde à l'extrémité de chaque tige cette touffe allongée, c'est l'épi qui contient les grains de blé !
> —Comment recueille-t-on ces grains ?
> —Il faut d'abord attendre qu'ils soient mûrs. A présent le blé est encore vert ; dans deux ou trois semaines il commencera à jaunir. Un peu plus tard les moissonneurs viendront avec leurs faucilles et couperont ces longues tiges à ras de terre. Dans les grandes exploitations, le blé est coupé au moyen d'une machine qu'on appelle faucheuse. Le blé ainsi coupé est étendu par terre pour sécher au soleil, puis lié en paquets appelés gerbes. Une voiture transporte ces gerbes à la ferme. C'est là qu'au moyen d'une machine, la batteuse, on dégage

---

178 同書、pp. 68-69

les grains de l'épi. Les grains sortent nettoyés de la batteuse et tombent dans des sacs. Les paysans qui n'ont point de machine se servent encore de fléaux pour battre le blé et de van pour nettoyer les grains. Les sacs de blé sont conduits au moulin. Tu vois cette maison, là-bas, le long de la rivière ?

—Celle qui a une grande roue mue par la force de l'eau ?

—Précisément. Eh ! bien, c'est un moulin. C'est dans cette maison que le blé est transformé en farine et en son. Tu sais ce que l'on fait avec la farine ?

—Bien sûr, maman s'en sert souvent à la cuisine quand elle prépare les aliments.

—Oh ! très peu ; c'est le boulanger qui en emploie beaucoup.

—Je sais, pour faire le pain. Je voudrais bien que tu m'expliques comment le boulanger fait le pain.

—C'est très simple. Il met de la farine dans un grand coffre en bois qu'on appelle pétrin. Il a soin d'y mélanger un peu de levain. Puis il y verse de l'eau et pétrit la pâte avec les mains. Dans les grandes boulangeries le pétrissage se fait à la machine. On laisse ensuite reposer la pâte. A cause du levain qu'on y a mis elle lève : une quantité de petites cavités s'y forment donnant naissance aux yeux du pain. La pâte levée est mise par morceau, dans un four préalablement chauffé. Sous l'action de la chaleur les morceaux de pâte prennent une couleur brune et deviennent ces miches de pain longues ou rondes que tu vois chez boulanger[179].

父と一緒に初めて故郷から外出している街の少年は、麦畑の近くを通り過ぎました。

(少年)「お父さん。一体この草がどんなに高いのか見て」と考えもせずに言っています。

(父親)「わが子よ、それは普通の草ではなく麦です。」

(少年)「麦！けれど僕がお店で見た麦とは似てないよ。」

(父親)「君はお店で麦の粒を見たのです。この細長い束のそれぞれの幹の先端を見てごらんなさい。それは麦の粒を含んだ麦穂です！」

(少年)「どのようにして人々はこの粒を集めたの？」

(父親)「最初に熟していくのを待たなければいけません。今はまだ麦は緑のままです。2、3週間で黄色くなり始めます。その内に刈入れをする人々が半月形の鎌を持ってやってきて、地面すれすれにこの長い幹を切るでしょう。大きな搾取で、麦は刈入れ機と呼ばれる中ぐらいの機械で刈取られるでしょう。このようにして刈取られた麦は太陽に乾燥させる為に地面に広げて、それから束と呼ばれる小包に縛られ、車はこの束を農場へ運びます。そこで中位の機械・ミキサーで穂の種を取り出

---

179 *Cours moyen*（第6版）、pp. 127-129

します。穂はミキサーで浄化され出て来て、袋の中に落ちます。少しの機械もない農民は、穂をきれいにするのに箕を、麦を打つのに空竿をまだ使っています。麦の袋は粉ひき器で運ばれています。君は、そこから長い川のその家が見えますか?」

(少年)「それは水の強さによって大きな車輪が動くの?」

(父親)「その通り。ええ、それは水車です。その家の中で麦が小麦粉とおがくずに形を変えます。君はこれが小麦粉を伴って作られる事を知っていますか?」

(少年)「もちろん。母親が食料を準備している時に、料理でよく使っていたよ。」

(父親)「それはほんのわずかです。パン屋でたくさん使われています。」

(子供)「パンを作る為にという事が分かったよ。僕にはパン屋でパンがどのように作られるか説明して欲しいな。」

(父親)「それは簡単です。縛り桶と呼ばれる木で出来た大きなトランクの中に小麦粉を置きます。少しの種を混ぜるのに気を配っています。それから水を注ぎ、手で生地を練ります。大きなパン屋だとパンを練るのには機械を使います。それから生地を寝かせたままにします。パン種の為に人々は置いたままにして生地を起こします。小さなくぼみの分量はパンの気泡を生みながら形成されます。起こした生地はあらかじめ暖まったオーブンで一切れとなって整って行きます。熱の作用の下で、生地の一切れは、君もパン屋で見た事のある丸く茶色くて、長いパンとなっていきます[180]。」

ヴェルニエの執筆した上記のオリジナルテクストは父と子の会話文で構成されている。お店で見た麦と畑で栽培されている麦との違いから始まり、刈入れ、水車による小麦粉と最終的にパンへと変容する迄を父親が説明した内容である。このように「畑で栽培された麦がパンになる迄の過程」に関する知識(この場合、正確には「智恵」)を父が子供に伝授する出来事の原文を、実際に生徒達に読解させる事は、マリア会の「智恵の円熟」の達成と成り得る。

『日本マリア会学校教育綱領』の「智恵の円熟」の紙面には『新約聖書』から「身の燈は目なり。その目にして善くば全身明るくなるべく、若悪くばその身も亦暗かるべし(ルカ11章－34節)[181]」が引用されている。つまり人間の目を通して知恵を習得させ、当事者の身体が明るくなれば「智恵の円熟」を達成出来た事になるのである。その達成の一助としてオリジナルテクスト「どこにパンは由来しますか?」が有益なテクストとなり、関連性を有している事となる。

次に「意志の円熟」の項目と「Reconnaissance des animaux(動物への感謝)」の関連性について考察する。

---

180 筆者訳
181 『日本マリア会学校教育綱領』、p. 78

「意志の円熟」は如何なる教育理念を孕んでいるのだろうか。

　意志が円熟したというのは、望むべきときに望み、実行すべき時に実行する際出合う障害を支配する力を持った時である。意志の円熟は全人格の完成の結果で、人間の種々の精神能力が、同等の高さに完成を遂げないと実現は困難である[182]。

上記の内容に基づけば、マリア会の「意志の円熟」とは人間の様々な精神能力が高まった状態で、眼前にある問題を解決する能力を育ませる事を示している。次に比較対象となるオリジナルテクスト「Reconnaissance des animaux（動物への感謝）」は如何なる内容なのだろうか。

　A un spectacle donné à Rome, on forçait des criminels à se battre contre des bêtes féroces. Parmi les plus terribles de ces animaux, on remarquait un lion dont la taille extraordinaire, les rugissements affreux, la crinière flottante, les yeux étincelants, inspiraient en même temps l'admiration et la terreur. Un malheureux s'avance dans l'arène, l'animal furieux court au-devant de sa victime. Tout à coup il s'arrête, et quittant sa fierté naturelle, il s'approche de lui avec un air de douceur, remuant sa queue comme les chiens qui flattent leur maîtres, et lui lèche affectueusement les mains et les jambes. L'homme caressé par cette bête farouche revient peu à peu de sa frayeur ; il considère attentivement le lion, et, le reconnaissant, il le caresse à son tour avec des transports de joie, auxquels l'animal répond à sa manière. Un événement si extraordinaire remplit toute l'assemblée de surprise et d'admiration : on applaudit, on bat des mains, et l'empereur Caligula lui-même, qui était présent, se fait amener l'homme épargné par le lion, et lui demande qu'il est, et par quel charme il a pu désarmer ce terrible animal. Je suis esclave, répondit-il, mon nom et Androclès. Dans les temps où mon maître était proconsul d'Afrique, me voyant traité par lui avec rigueur et inhumanité, je pris la fuite ; et, comme tout le pays lui obéissait, pour me dérober à ses recherches, je m'enfonçai dans les déserts de la Libye. Au milieu des sables, dans la plus grande chaleur du midi, j'aperçus un antre où j'allai me mettre à l'abri des ardeurs du soleil. A peine m'y étais-je réfugié que je vis entrer ce même lion, dont la douceur à mon égard vous étonne ; il poussait des cris plaintifs qui me firent juger qu'il était blessé. Cet antre était sa demeure : je m'y cachai dans l'endroit le plus obscur, tremblant et croyant être au dernier moment de ma vie. Il me découvrit, et vint à moi, non pas menaçant, mais comme implorant mon secours, et levant son pied malade pour me le montrer. Il lui était entré sous le pied une très grosse épine que j'arrachai ; et m'enhardissant par la patience avec laquelle il souffrait l'opération, je

---

182 同書、p. 78

pressai les chairs pour en faire sotrir le pus, j'essuyai la plaie, je la nettoyai le mieux qu'il me fut possible, et la mis en état de se cicatriser. Le lion soulagé se coucha, laissant son pied entre mes mains, et dormit paisiblement. Pendant trois ans, je vécus avec lui dans le même antre et de la même nourriture. Il allait à la chasse et m'apportait régulièrement quelques quartiers de bêtes qu'il avait prises ou tuées. J'exposai cette viande au soleil, n'ayant pas de feu pour la faire cuire. Enfin, je me laissai d'une vie si sauvage ; et pendant que le lion était sorti pour la chasse, je m'éloignai de l'antre. Mais, à peine avais-je fait trois journées de chemin que je fus reconnu par des soldats, qui m'arrêtèrent, et l'on me transporta d'Afrique à Rome pour être livré à mon maître. Condamné par lui à périr, j'attendais la mort sur l'arène. Je comprends que le lion a été pris peu de temps après notre séparation, et que, me trouvant, il m'a payé le salaire de l'utile opération par laquelle je l'avais autrefois guéri. Ce récit courut, en un instant, toute l'assemblée qui, par des cris redoublés, obtint la vie et la liberté d'Androclès. De plus, on lui fit présent du lion, et depuis, on le voyait dans les rues de Rome tenant son libérateur attaché par un simple cordon. Le peuple enchanté le couvrait de fleurs et le comblait de largesses en s'écriant : Voilà l'homme qui a guéri le lion, et voilà le lion qui a donné l'hospitalité à l'homme ! Quelle honte pour les hommes d'être quelquefois moins reconnaissants que les animaux ! [183]

　ローマでは見世物として、犯罪者を獰猛な動物と戦わせる事を強いていました。これらの動物達の中で最も恐ろしいライオンについて叙述します。それは並外れた大きさ、驚愕と同時に恐ろしさを示唆するきらめく両目、逆立った立て髪、ぞっとする吠え声を持っていました。不幸な人が闘技場に進みます。凶暴な動物はその生贄の前に走り出しました。突然、立ち止まりありのままの人間は離れながら、ライオンはやさしい様子で近づき、自分の主人に撫でられる犬のように尻尾を動かしています。そして愛情を込めて手と足を舐めています。この飼いならしていく動物にそっと触れられた男は少しずつ恐怖から抜け出ていました。彼は注意してライオンを見ています。そして喜びの興奮と共に、今度はそっと触れて動物は自分の流儀で応答しました。とても驚くべき出来事で、全ての聴衆を仰天と驚愕でいっぱいにさせました。人々は拍手をし、出席していたカリギュラ皇帝自身はライオンから損害を免れている男を連れて来させてから、そこにいる彼に尋ね、この恐ろしい動物を怒る気をなくさせる事が出来ました。彼は返事しました。（男）「私は奴隷です。名前はアンドロクレと言います。私の主人がアフリカ総督だった頃、厳しさと非人間性を持った総督により、私を取扱い、私は逃亡しました。そしてすべての国が彼に服従していたので、彼の追及から逃げる為、私はリビアの砂漠に入り込みました。

---

[183] *Cours moyen*（第6版）、pp. 171-174

昼の最も暑い中、砂の真ん中で私は太陽の激しい暑さから安全な場所に身を置く洞窟に気づきました。私が避難するや否や、同じライオンが入るのを見ました。私の思いやりの優しさは意外な感じを与えます。ライオンは負傷し、私を理解させるようなうめき声を発していました。この洞窟はそのライオンの住まいでした。私の生命の最後の時だと思い、震えながら、私は最も暗い場所に身を移しました。ライオンは私に気づき、おびやかす事なく私に近づき、私に助けを哀願するかのように傷んだ足をあらわにするかの如く立ち上がりました。私が抜き取ったとても大きい棘が足下に突き立てられました。そしてライオンは苦しみ、私に自信づけさせていきました。私は膿を治させる為、傷をふき取り、可能な限り消毒しそして治る状態にさせました。楽になったライオンは両手の中に傷ついた足を置いて、寝ておとなしく眠り込みました。3年間、私は同じ洞窟と食物で暮らしていました。ライオンは狩りに行き、殺して手に入れた動物の大きな肉の塊をきちんと私に持ってきていました。私は焼く為に火を持たずにこの肉を日差しに当てていました。とうとう私はとても野性的な生活に身を任せるようになり、ライオンが狩りの為、出かけている間に洞窟から離れていました。けれども3日目になるや否や私は兵隊に気づかれ立ち止まり、私の主人に引き渡す為、アフリカからローマへ移動させました。死を宣告され私は闘技場で死を待っていました。ライオンが私たちの別れた後からほんの僅かな時間の後、私の事に気づきライオンは私が昔、治した事に対して、役立つ報い、動作で償いました。」この物語は全ての聴衆の泣き声と叫び声によってたちまち伝わりアンドロクレは生命と自由を得ました。更に人々はアンドロクレにライオンを贈り物として与え、それ以来、人々はローマで解放者を引き止めているのを見ました。大変混乱した人々は、花で覆い、そして贈り物でいっぱいにしました。そしてこう書かれていました。 「ここにライオンを治した人間がいます。そして人間をもてなそうとささげたライオンがいました！」動物よりも感謝をほんのわずかしか行おうとしない人間は、どれほど不面目でしょうか！[184]

アフリカ総督の暴挙に耐えられなくなり、洞窟に逃げた奴隷のアンドロクレが洞窟の中で見かけた怪我を負ったライオンの手当てをする。そしてライオンはアンドロクレを匿う為に、御礼代わりに食糧の調達を行い数年間、洞窟の中で逃げ伏せる。しかし地上に出た途端、再び捕えられて、ローマの皇帝が見つめる競技場で、アンドロクレを助けたライオンと対決させるが、真実を話したアンドロクレは自由を与えられるというシノプシスである。

一読すると、結末部分の「動物よりも感謝をほんのわずかしか行おうとしない人間は、どれほど不面目でしょうか！」と警告している事から、人類が動物への

---

[184] 筆者訳

愛情を育ませる事を指摘しているオリジナルテクストと考えられるだろう。しかしながら、「Reconnaissance des animaux（動物への感謝）」は、人間も動物も双方共に、助け合って生活しているシークエンスが描かれている。「意志の円熟」とは、全人格の完成の結果により、人間のあらゆる精神能力が同等の高さに完成を遂げた状態を示している。

そして *Cours élémentaire* 及び *Cours moyen* の紙面にはキツネやネコ、狼等を擬人化させて教訓を啓蒙するオリジナルテクストが数多く掲載されている。

上記に掲載した「ライオン」を「人間」と置き換えると、洞窟の中でアンドロクレともう 1 人の人間（物語ではライオン）の精神性及び人格が完成された事を指し示していると解釈出来る。また「意志の円熟」の訓練についても『日本マリア会学校教育綱領』で言及している。

　　意志の円熟の最も特徴的な訓練は、命令と従順の中において生かされる。現代人は従順の感覚を失ってしまった。しかしそれでも、いな、だからこそ、ここに生徒の意志の訓練に従順を説かねばならない。従順は人間が最も理性的と思う意志にささげる純粋で、心理的で、自由な行為である。[...]「偉大なるものは奉仕者である。」（マテオ 20 章－4 節）[185]

「意志の円熟」は「命令と従順の中で発達する」と記載している事から、アンドロクレとライオンの関係を描いた「Reconnaissance des animaux（動物への感謝）」に関しては、ライオンを人間と置き換えれば「意志の円熟」と関連性を有している事が把握出来る。そして「意志の円熟」とは新約聖書のマタイの手紙の一部を原案としている事が伺える。

次に「社会的円熟」の項目と「A cœur vaillant rien d'impossible（不可能な物は何もない雄々しい心）」の関連性を考察する。「社会的円熟」とは如何なる教育目標なのだろうか。

　　社会的円熟はまず各自の円熟が前提となる。他人の中に愛し助けるべき兄弟を認めることは、他人を支配し、他人を自分の気晴らしの道具と見なして満足することでないと同様、自分自身を利己主義のままに成長させることではない。真の利己主義は、自己制御、自己の忘却なくしては考えられない[186]。

マリア会の「社会的円熟」とは、マリア会の円熟、つまり教育目標を達成して

---

185 『日本マリア会学校教育綱領』、pp. 85-87
186 同書、p. 90

いる状態で、他人や兄弟を愛する事であり、同時に自己制御と忘却をもった利己主義者である事を示している。次に比較対象となる「A cœur vaillant rien d'impossible（不可能な物は何もない雄々しい心）」は、如何なる内容なのかを確かめたい。

Un honnête et riche marchand était chef d'une nombreuse famille. Il vivait heureux, quand soudain il perdit en quelques mois presque toute sa fortune. Une paralysie des jambes vint encore ajouter à son malheur, en le clouant sur un lit de douleur. Le reste de son bien s'épuisa bientôt en remèdes. Toute sa famille était dans la désolation. Son fils aîné, jeune homme d'une quinzaine d'années, fut d'abord atterré par ce malheur. Lui, qui jusqu'alors n'avait jamais manqué de rien ; lui, qui ne connaissait pas la valeur de l'argent et le dépensait sans compter, il se vit soudain privé même du nécessaire. Mais c'était un noble cœur, il aimait tendrement sa famille ; il comprit, qu'étant l'aîné, il devait remplacer le père malade, et bientôt il reprit courage. Malgré sa jeunesse et sa santé délicate, il entra dans le bureau d'un négociant. Le peu qu'il gagna au début était loin de suffire à l'entretien de sa famille ; mais sa bonne conduite et son application au travail lui attirèrent la bienveillance de son patron. Celui-ci, connaissant son malheur, lui donnait souvent un travail supplémentaire qu'il lui payait largement. Ce travail de toute la journée était bien pénible pour un jeune homme habitué à toutes les douceurs de la fortune ; souvent, le soir, il rentrait épuisé ; mais quand il voyait son père lui sourire de son lit de douleur, il oubliait sa fatigue et se santait heureux. Enfin à force de travail, il réussit à faire revenir l'aisance dans sa famille. Son pauvre père reçut tous les soins qu'exigeait son état ; ses frères et sœurs purent faire de bonnes études et avoir une situation honorable. Mais à trente ans le pauvre jeune homme était épuisé. Les soucis de la famille, ajoutés à un travail pénible, avaient ruiné ses forces. Il tomba gravement malade et mourut après une courte maladie, heureux d'avoir relevé sa famille, même au prix de sa vie[187].

正直で豊かな商人は多くの世帯主がいました。彼は幸せに暮らしていましたがある日、突然、ほとんどすべての財産を失いました。中風患者はベッドで痛みによって突き刺されています。財産はやがて薬代で空になりました。家族全員が悲しみにくれていました。14歳の長男は最初、この不幸に唖然とさせられました。彼はその時迄、決して何も文句を言いませんでした。勘定する事なくお金を使いその価値を知らず、彼は突然、必要なものを奪われました。けれども彼は気高い心で家族には愛情を持って大切に接していました。年長者である事を理解し、彼は病気の父親に取って替わらなければなりませんでした。やがて彼は勇気を取り戻しました。身体

---

187 *Cours moyen*（第6版）、pp. 69-71

が弱いのにも関わらず、彼は貿易会社に入りました。初めは彼が稼いだのは少しで家族の生計の維持どころではありませんでした。けれども仕事での素晴らしい行動と実行力は経営者の好意を惹きつけました。彼の不幸を知っている経営者はたっぷりと支払いました。毎日の辛苦であるものの、財産とは若者にとってはとても根気のいる物です。夕方になると彼は疲れ果てて帰りましたが、痛みでベッドにいる父が微笑むのを見た時、彼は疲れを忘れて幸せを感じました。一生懸命に働いて、家族にゆとりが戻る事に成功しました。父親は自分の健康の手当を受けました。彼の兄弟と姉妹はよく学習し、満足のいく状況にする事が出来ました。けれども哀れな若い男は 30 歳で疲れ果てていました。辛い仕事は彼の力を失わさせています。彼は重い病気になり、命の犠牲により格調高い家族を幸せにさせ、短い入院の後に亡くなりました[188]。

商売を営む父が病に倒れて財産を失う。14 歳の長男は、父の代わりに家計を支える為、貿易会社で働き始める。初めは薄給であったが、父の顔を見る事で尽力を尽くそうと努力し始める。自らの身体を犠牲にして働いた結果、経営者から家計を補える程の給料を貰う。そして兄弟達が勉強出来るように手配をした。しかし病弱の長男は体調を崩して入院するものの、僅か 30 歳で急逝するという内容である。

「社会的円熟」との関連性に関しては「他人や兄弟を愛する」という観点からは共通点がある。しかし「自己制御と忘却をもった利己主義者」という概念からは逸脱してしまう。ところが「社会的円熟」の項目にはより明確な概念が提示されていた。

> われわれが志す社会的に円熟した生徒とはどんな性質のものをさすのであろうか。ホーフェル総長は次のように定義する。「人のために犠牲となり、規律正しくはあるがかたくるしくなく [...] 伝統に忠実であるが新しい事実に順応し、長上の命のままに働く一方、自律的に行動し、用心深くて物事に動じない。」(魂の円熟)[189]

上記に記載した内容と 1909 年に刊行された *Cours moyen* 第 6 版の紙面にオリジナルテクスト「A cœur vaillant rien d'impossible（不可能な物は何もない雄々しい心)」のストーリーを照合すると、社会的円熟に則った内容である。
そして 1960 年代当時にマリア会の総長であったホーフェルの定義を半世紀以

---

188 筆者訳
189 『日本マリア会学校教育綱領』、p. 98

上前の 1909 年に、ヴェルニエはオリジナルテクスト上で「社会的円熟」を表現していた。従って「A cœur vaillant rien d'impossible（不可能な物は何もない雄々しい心）」は、「社会的円熟」と関連性のあるテクストと解釈出来る。

次に「精神の円熟」とオリジナルテクスト「Un autographe（自筆）」の関連性について検証する。最初に「精神の円熟」の概略について把握する。

> キリスト教的青年の円熟はどうあるべきだろうか。ポーロの次のことば以上にそれを適切に表現したものはないであろう。「我等は最早小児たらず、漂はさるさることなく、人の偽と誤謬の巧みなる誘惑との為に、孰の教の風にも吹廻されず、真理にありて、愛により万事に就て存する者即ちキリストに於いて成長せん為なり。彼によりてこそ体全体に固り且整い、各四肢の分量に応ずる働に従って、凡ての関節の助を以て相聯り、自ら成長し、愛によって成立つに至るなれ。」（エペソ 4 章 －14～16 節）。誘惑にめげない宗教の知識と、自由で意志的な信仰を有し、毎日の生活にそれを正しく具現するキリスト教者こそ精神の円熟を有するものである[190]。

マリア会の「精神の円熟」が『新約聖書』の「エペソの手紙」を素材としている事が伺える。宗教の知識と信仰を持って生活出来る事が「精神の円熟」を示している。次に比較対象となるオリジナルテクスト「Un autogrhaphe（自筆）」は如何なる内容なのか、について確かめたい。

> Il y a quelques années, j'ai assisté à une scène bien émouvante que je vais vous raconter. C'était dans une vente aux enchères. Parmi différents objets, sans grande importance on devait vendre une lettre autographe de Mr. X. , personnage considérable de l'histoire contemporaine. Au moment où le commissaire priseur présenta cette lettre au public, un jeune homme, placé au premier rang, en éleva tout de suite considérablement la première mise à prix en offrant, d'un seul coup, mille francs. Il espérait évidemment arrêter ainsi toute concurrence. Cependant un vieillard placé un peu en arrière élevant la voix, proposa soudain mille vingt-cinq francs. Le jeune homme, étonné, pâlit ; il regarda celui qui avait parlé, puis s'écria avec vivacité : deux mille francs ! Il y eut un murmure d'étonnement dans l'assistance. Qu'était-ce donc que cette lettre pour qu'on l'estimât tant ? Le vieillard, lentement, ajouta encore vingt cinq francs ; mais l'autre, de plus en plus excité, monta de nouveau de mille francs. Et la lutte continua ainsi pendant quelques minutes : le premier, d'une voix tremblante d'impatience, montant toujours de mille francs ; tandis que le second, doucement, prudemment, avec un peu d'hésitation, n'ajoutait chaque fois que vingt-cinq francs. Le

---

[190] 同書、pp. 112-113

vieillard paraissait faire un effort de plus en plus considérable et hésiter davantage à mesure que le prix s'élevait. Finalement il se tut ; on était arrivé à la somme fantastique de vingt-cinq mille francs. L'heureux gagnant de cette lutte étonnante, saisit avec transport cette feuille qu'il avait tant désirée. Il la paya immédiatement en vidant sur la table du commissaire priseur son portefeuille plein de billets de banque. Le vieillard, la tête basse, s'était dirigé vers la porte. Là, il attendait son rival. Quand celui-ci voulut sortir, il lui barra le passage. "Mon ami, lui dit-il d'une voix émue, vous me paraissez être un noble cœur ; je vais vous dire pourquoi je voulais cette lettre, même au prix de toute ma fortune ; alors vous consentirez, je l'espère, à me la céder. Je ne crois pas, répondit tristement le jeune homme ; mais parlez... Eh bien, je voulais cette lettre pour la détruire, l'anéantir ; et cela, parce qu'elle compromet l'honneur de l'homme qui l'a écrite et que cet homme fut mon bienfaiteur. Et moi, dit le jeune homme d'une voix étouffée par l'émotion, je suis son fils[191]!

　数年前、あなたに叙述しようとする大変、感動的な場面に居合わせました。それは競売での売り買いでした。様々な品物の中で大して重要ではないXさんの自筆の手紙を売らなければなりませんでした。競売人がこの手紙を公に展示した時、最前列にいた1人の若者が突然、1000フランの値段で最初に申し出ました。もちろん彼は全ての競争相手が、すぐに止める事を期待していました。にも関わらず、少し後ろにいた老人が突然、1025フランの提案の声を上げました。若者は驚き青ざめました。彼は老人を眺め、話しかけてそれから激しさを伴って大声で言いました。
（若者）「2000フラン！」出席者は驚きとざわめきを上げました。
「とてもこの手紙を評価したとは、いったい何だったのでしょう？」
老人はゆっくりと、更に25フランを付け加えました。けれども、もう一方の若者は更に興奮して再び、1000フラン競り上げました。対立はこのように何分か続きました。声を震わせ苛立ちながら、常に1000フラン競り上げています。それに反して、もう1人（老人）は穏やかに慎重に、少し躊躇いながら、その都度25フランを付け加えるだけでした。老人は段々と膨大に奮発しましたが、徐々に金額が上がるにつれて更に躊躇ったように見えました。とうとう彼は沈黙しました。（若者は）途方もない25000フランの金額に成功したのでした。この驚くべき戦いに勝った幸せ者はとても望んでいたこの紙片の意味を、興奮と共にやっと理解しました。彼はすぐに銀行のお金でいっぱいにした財布を空にしながら競売吏のテーブルの上で支払っていました。首をうなだれた老人は扉の方へ足を向けました。その時、彼は競争相手を待っていました。競争相手が外出しようとした時、老人は通路を塞ぎました。
（老人）「そこの人よ」と感激した声で言いました。「あなたは私にとって高尚な

---

191 *Cours moyen*（第6版）、pp. 160-162

心を持っているように思われます。何故、この手紙が欲しいのですか？あなたは、私に話してくれないですか。」

(若者)「私は同意しません。」と悲しげに若者は返事をしました。

(老人)「けれども話しなさい。」

(若者)「この手紙を遺棄し、消滅させる為に欲しいのです。というのは、それ(手紙)を書かれた人間の名誉を危うくさせるからです。そしてこの人間は私の恩人です。」

(若者)「そして私は」と動揺して押し殺した声で若者は告げました。

(若者)「私はその人の子供です！[192]」

競売場で謎の人物Xの自筆の手紙が競売品として出品される場面から物語は始まる。若者と老人が共に高額を提示するが競売の結果、膨大な金額と引換えに若者は、自筆の手紙を落札する。茫然とした老人は、若者に対し、自筆の手紙に執着する訳を尋ねると動揺を押し殺した声で「手紙の主は私の父です。」と告げて物語は終わる。

「Un autographe（自筆）」のストーリーと「精神の円熟」の概略を列挙しただけでは関連性の稀薄になり兼ねない。しかし筆者はヴェルニエが「Un autographe（自筆）」を執筆する際に、「イエス・キリスト」を暗喩する為に「父」という言葉に置き換えていたと推測している。

「精神の円熟」の項目には上記に記載した概略以外にも、イエス・キリストについて言及されていたので内容を確かめる。

> キリストの愛の為に隣人に奉仕するという本質的な物の為には、アクセサリー的要素を犠牲にする心構えが出来ており、全力を尽くして愛のコースを走ろうとする。<u>即ち、一切の所有を捨てて存在そのものを求めようとする。愛は施しをする事ではない。慰めを与える事ではない。</u>存在そのものであるキリストを他に与える事である[193]。

「Un autographe（自筆）」に「精神の円熟」の要素を見出すとすれば、概略の下線部分に着目したい。

「精神の円熟」の「即ち、一切の所有を捨てて存在そのものを求めようとする。」という1節と「Un autographe（自筆）」の劇中に主人公の若者が、全ての財産を犠牲にして父（つまりイエス・キリスト）の直筆の手紙を入手しようとするシー

---

192 筆者訳
193 『日本マリア会学校教育綱領』、p. 114 下線部の強調は筆者による。

クエンスは共通項を有していると解釈出来る。

筆者は *Cours élémentaire* 及び *Cours moyen* の紙面に「道徳的円熟」と関連性を有するオリジナルテクストを見出せなかった為、「道徳的円熟」に関しては第 4 章で *Cours supérieur* のテクスト分析を行う際に関連性を解明する。「道徳的円熟」を除けば、6 項目の「マリア会学校の教育目標」と *Cours élémentaire* 及び *Cours moyen* の紙面の共通項を見出した。

次に「マリア会学校の教育方針」と *Cours élémentaire* 及び *Cours moyen* のオリジナルテクストとの関連性について論究する。

「マリア会学校の教育方針」には「家庭的ふんいき」、「人格の尊重」、そして 4 節で検証した「賢明な時代への適応」等、3 項目の教育方針が『日本マリア会学校教育綱領』に掲載されている。

最初に「家庭的ふんいき」とオリジナルテクスト「Une hirondelle（ツバメ）」との関連性を考察するが、マリア会が標榜する「家庭的ふんいき」とは如何なる概略なのだろうか。

> マリア会の学校は、この賢明で慈愛に富む母性愛が支配する家庭的ふんいきを、教育の最大の基盤としなければならない。[...] 本学園と同系のスタニスラス学園の古い規則書には、家庭精神がその特徴的性格として記載されてあった。「学校の一般、または特別規則の根本をなすものは、善良なキリスト教的家庭を支配する、すぐれて暖かいふんいきである。」「教師が生徒に道徳的影響を及ぼそうと思うなら、生徒に、その生徒が家庭の両親とともにいる時と同じような柔いだ気分を持たせねばならない。生徒の育成は、彼らにとって、学校が第 2 の家庭としての条件をいかほど備えているかに左右される。」と。[...] スタニスラスの最も繁栄したころの校長ド・ラガルド師は言っている。「学校は 1 つの家庭である。生徒はこの家庭の子供であり、校長はその父である。校長はその協力者とともに、この名誉と負担を分担する。もしこの縁が切られるなら、すなわち学校が家庭の延長でなくなるなら、それはきまって 1 つの兵営か監獄に成り下がる[194]。」

「家庭的ふんいき」とは、キリスト教的な雰囲気を醸し出し、マリア会の学校自体が生徒達の本来の家庭のように母性的であり、生徒が家庭の子供であるならば、（教師と）校長は、子供の父親の役割を果たす事を示す。

上述の明文化された概念によれば、マリア会の「家庭的ふんいき」とは、19 世紀にマリア会がパリで経営を行っていたスタニスラス学園の規則書を参考にしている事が把握出来る。従って戦後に刊行された『日本マリア会学校教育綱領』

---

194 同書、pp. 115-117 漢数字は算用数字に書き改めた。

は、19世紀以来の伝統的なマリア会の教育理念を継承していると判断出来よう。
次に「Une hirondelle（ツバメ）」の原文を確かめたい。

J'avais sous la corniche de ma fenêtre un nid d'hirondelles. Tous les jours, je passais des heures à examiner les mouvements de mes chers petits hôtes. Les oiseaux, habitués à me voir, n'étaient plus effrayés de ma présence. Ils entraient même dans ma chambre par la fenêtre ouverte, poussant de petits cris, et me parlant à leur manière. Un jour, je ne sais comment, l'une des hirondelles fut prise dans mes rideaux. J'eus alors l'idée de lui attacher autour du cou un petit ruban de soie bleue, et je la lâchai aussitôt. L'oiseau continua à aller et à venir comme d'habitude. Il semblait fier de son petit collier bleu. Cependant l'automne arrivait. Par une belle matinée d'octobre, toutes les hirondelles assemblées sur le toit de l'église, donnèrent le signal du départ. "Adieu, dis-je, chère petite hirondelle, adieu pour toujours !" L'automne passa, puis l'hiver. Au printemps, les arbres de mon jardin recommencèrent à verdir. Un matin, par ma fenêtre ouverte, j'admirais les fleurs blanches de mes poiriers, lorsque tout à coup un oiseau rapide passe, en poussant un cri joyeux. Un instant après, il repasse, puis entre dans ma chambre en gazouillant. C'était ma chère petite hirondelle : elle avait encore autour du cou son petit collier de soie bleue[195]。

　私は窓の雪庇の下にツバメの巣を持っていました。毎日、私はツバメの動きを調べる時間を持っていました。私を見る事に慣れた鳥達は私の存在にもう怯えていませんでした。開いた窓から私の部屋にちょうど入ってきて、小さな声を発して鳥達の方法で私に話かけています。ある日、どうしてなのか私は知りませんが、ツバメの1匹がカーテンをつかみました。私はその時、ツバメに首の回りへ小さな絹の青いリボンをつなぎとめようと考えました。そしてすぐに私はツバメを自由にさせました。鳥は普段通りに行き来する事を続けていました。その小さな青い首飾りを誇りにしているように思われました。それにも関わらず、秋がやって来ていました。11月の美しい午前中、教会の屋根の下に集まったすべてのツバメ達は、出発の合図を伝えました。(主人公)「さよなら。親しい小さなツバメ。永遠にさよなら。」と私は言います。秋が過ぎ去りそれから冬に。春になり私の庭の木々は再び緑色になり始めました。ある朝、開いた窓から、私は洋ナシの白い花に感心していました。その時、突然、素早い鳥が喜びの声を発しながら訪ねています。束の間の後、再び通り過ぎて、それからさえずりながら私の部屋に入ります。それは私のいとしい小さなツバメでした。まだ首のまわりに小さな青い絹の首飾りをしていました[196]。

---

195 *Cours moyen*（第7版）、pp. 26-27
196 筆者訳

主人公の住む家の雪庇の部分に、ツバメの一家が巣を構えるようになり、親しくなった１匹のツバメに青い絹のリボンを付ける。やがて秋になり、遠い場所へ出発するが翌年の春の朝、青いリボンを付けたツバメだけが主人公の家に戻ってくるという教養小説の色彩を帯びたストーリーである。

ツバメの巣のある家を「家庭」、家に住む語り部を「両親、または学校の校長」、ツバメを「生徒」と捉えて解釈を行うと、青い絹のリボンをつけたツバメも含め、巣の中で生活した多数のツバメは季節が変わって外へ旅立つものの、翌年の春になり、青い絹のリボンをつけたツバメだけが家庭に戻るというシノプシスは、自らの家庭の大切さに気づき、再び母性愛のある「家庭的ふんいき」を求めていると解釈出来よう。

従って「Une hirondelle（ツバメ）」は、マリア会の「家庭的ふんいき」の宣伝文ともなり得るオリジナルテクストである。「家庭的ふんいき」の最後の項目には下記の文章が掲載されている。

> 「幸なる哉柔和なる人、彼らは地を得るであらう」（マテオ５章－４節）。「地」とは、生徒の意志と心である。柔和のみが生徒の心を破壊することなしにその中に侵入し、それを善に志向させる権能をもっている[197]。

上述の文面に従えば、「家庭的ふんいき」はマタイの福音を原案として、考案された教育方針である事が伺える。

本節の最後では「人格の尊重」と「Les deux factures（２つの請求書）」の関連性について考察する。最初に「人格の尊重」とは如何なる概念であろうか。

> 人格を無視し、または破壊する教育はない。それならことさら人格の尊重を標榜する必要はないかに見える。マリア会教育において、それを特に方針として掲げるのは「小さきもの」、「生徒」の良心に対するキリストの精神に生きる為である[198]。

「人格の尊重」と「Les deux factures（２つの請求書）」との関連性を見出す為、「Les deux factures（２つの請求書）」の内容を把握する。

> Un petit garçon, à peine âgé de dix ans, ayant un jour entendu une conversation relative à quelques comptes de fournisseurs qu'il fallait payer, conçut l'idée de présenter lui aussi à sa

---

197 『日本マリア会学校教育綱領』、p. 122
198 同書、p. 122

mère, la note des services qu'il lui avait rendus depuis quelques temps. A midi, en se mettant à table, la mère trouva dans son assiette cette surprenante facture :

Maman doit à son fils Georges :

Pour être allé chercher du charbon, 6 fois...2fr.

pour être allé chercher du bois, plusieurs fois...2fr.

pour avoir fait plusieurs commissions...1fr.

pour être toujours un bon petit enfant...1fr.

Total...6fr.

La mère prit la facture et ne dit rien. Le soir, au moment où Georges se mettait à table pour souper, il trouva dans son assiette le compte avec les six francs qu'il avait réclamés. Très satisfait, il mettait l'argent dans sa poche lorsqu'il aperçut une autre facture ainsi conçue :

Georges doit à sa maman :

pour dix années passées dans une maison heureuse...rien.

pour dix années de nourriture...rien.

pour les soins durant les maladies...rien

pour avoir été pendant dix ans une bonne mère pour lui...rien.

Total...Rien

Quand Georges eut lu cette non moins surprenante facture, il resta confus. Les yeux pleins de larmes et les lèvres tremblantes d'émotion, il courut vers sa mère et se jeta dans ses bras :

 "Chère petite maman, dit-il en lui rendant son argent, je te demande pardon pour ce que j'ai fait. Maman ne doit rien à son enfant. Je comprends que je ne pourrai jamais payer tout ce que je te dois. Et maintenant je ferai tout ce que petite mère désirera, sans penser à aucune rétribution. [199]"

　わずか 10 歳の男の子が仕入業者の清算に関する会話を耳にして、自分も母親への手伝いの請求書を書く事を考えました。昼に目録に取りかかりながら母親は皿の上に意外な請求書を見出しました。

・母親は息子ジョルジュに支払う義務があります。

・6 度、石けんを探す事について－2 フラン

・何度か木を探す事について－2 フラン

・何度か買い物をする事について－1 フラン

・常によき小さな子供でいる事について－1 フラン　合計 6 フラン

母親は請求書を受け取り、そして何も言いませんでした。夕方、ジョルジュが夕食の為にテーブルについた時、彼は要求した 6 フランを伴った皿を見出しました。と

---

199 *Cours moyen*（第 12 版）、1938 年、pp. 49-51

ても満足して、彼がポケットにお金を置いた時、彼はこのように考案された他の請求書に気づきました。
・ジョルジュは母親に支払う義務があります。
・幸せな家に10年過ごした事について－何もなし
・病気の間の手当てについて－何もなし
・少年にとって10年間良き母親でいる事について－何もなし　合計何もなし。
ジョルジュはやはり意外なこの請求書を読んだ時、混乱したままでした。涙でいっぱいの両目、心の高ぶりで揺れる唇、彼は母親に向かって走り、腕に飛び込みました。「優しい大切なお母さん。」と少年はお金を返しながら言いました。「僕が自分の行った事のお許しを。母親は子供に何もしなければいけないわけではありません。僕はしなければならない事、全てを決して支払えない事を分かっています。そして今、僕はどんな報いも考える事もなく優しいお母さんの望むすべての事をするつもりです。200」

このように青少年へのありきたりな教訓を示した散文であるが、果たして「人格の尊重」との関連性を有するのだろうか。

「人格の尊重」の項目には興味深い一節が記されている。

　マリア会の学校では、「『我がこのいと小さき者の1人になしたるところは、ことごとに即ち我になしたるなり』(マテオ25章－40節)というキリストのみことばをおもい、児童のかよわき姿の中に、イエス・キリスト御自身と、そのおん血の価いとを認め、尊び、かつ、敬うものである。」（会憲266）。あるいはまた、「このいと小さき者の1人にても、その亡ぶるは、天に存す汝等の父のみ旨にあらざるなり。」（マテオ18章－4節）という御言葉に従い、「彼等に救い主の愛とマリアの慈しみを持つよう心がけ、彼等がその弱さと無知の為、なし得ないところを補うよう務める。」（会憲265）のである201。

上述の内容に基づいて、「Les deux factures（2つの請求書）」を考察すると、「児童のかよわき姿にイエス・キリストを認め」と記載されている。つまり「少年ジョルジュ」とはイエス・キリストを想起させて、「彼らに救い主の愛とマリアの慈しみを持つようこころがけ」と記載しているように、「母親」とは聖母マリアを想起させる事が可能である。従って「Les deux factures（2つの請求書）」の散文にはマリア会の教育理念が含有されつつ、同時にキリスト教の思想が背後に

---

200 筆者訳
201 『日本マリア会学校教育綱領』、pp.122-123

潜んでいる事が把握出来る。

　本節の考察結果から、修道士ジョゼフ・ヴェルニエが教科書に執筆したオリジナル散文にはマリア会の教育理念とキリスト教の思想が潜んでいる事を確認した。

　次章では、フランス文学作品からの抜粋項目のみを掲載した *Cours supérieur* の紙面分析と「道徳的円熟」との関連性、マリア会の修道士であるエミール・ヘックが東京大学の初代仏文学研究室の主任教授として長らく行った講義内容と *Cours supérieur* に掲載された文学史の記述と関連性についての分析を行う。

附録 1. *Cours élémentaire*. 1904 年(初版)から 1906 年(第 2 版)迄の作品概略[202].

作品名	著作権者または典拠	概略
人々が教室で見る事	暁星中学校	学校で授業が行われる教室の様子を描写した内容。(生活)
私の家族	暁星中学校	子供が自分の家族を紹介する内容。(生活)
桜桃の木	暁星中学校	日本人が桜桃(桜)に敬服した様子を綴った内容。(日本の出来事)
愛しのエミール	暁星中学校	父が子供のエミールに食事の時の親子愛を綴った内容。(生活)
私は何者か？	暁星中学校	学生が自分の存在について説明した内容。(生活)
時間	暁星中学校	日、月、年に分けて時間の概念を説明した内容。(生活)
貴重な植物	暁星中学校	兵士が路上で見つけた貴重な植物を説明した内容。(社会)
家の部分	暁星中学校	家に設置された階段、扉等の部位について綴った内容。(生活)
四季	暁星中学校	四季をモチーフにした韻文。(生活)
私の祖国	暁星中学校	帝国主義時代の日本について綴った内容。(日本の出来事)
茸	暁星中学校	作家アレクサンドル・デュマの偏食について綴った内容。(歴史)
人間の身体	暁星中学校	人間の身体の特徴を綴った内容。(生活)
犬と影	暁星中学校	川の水面から肉を携えた姿を見た犬が、もう一切れを探す。(教訓)
世界で最上の人	暁星中学校	フランス人が、祖国と自国民を礼賛した内容。(社会)
酒飲み	暁星中学校	悪魔に脅迫された男が死と引換えに命令に従う内容の散文。(教訓)
蝶と蜜蜂	暁星中学校	蝶と蜜蜂の交流を韻文で綴った内容。(教訓)
粗野な人間の栄光	暁星中学校	フランス・タヒチ戦争での出来事を綴った内容。(歴史)
早朝	暁星中学校	祈りから始まり仕事に行く迄の朝の生活を綴った内容。(生活)
五感	暁星中学校	食事、散歩等を通じて人間に五感がある事を綴った内容。(生活)
勇壮な農民	暁星中学校	普仏戦争での女性兵士の活躍を描いた内容。(歴史)
夕方	暁星中学校	夕方の外の景色と家での光景を綴った内容。(生活)
子供と鳥	暁星中学校	少年と鳥の会話を韻文で綴った内容。(童話)
ルイ 14 世	暁星中学校	ルイ 14 世の生涯を綴った内容。(歴史)
蟻	暁星中学校	蟻とその仲間が食糧を得る為に市場へ行く内容。(童話)
盲者と足の弱い人	暁星中学校	目の見えない人と足の弱い人が、困った時に助け合う内容。(教訓)
春	暁星中学校	春の景色を動植物の生態を中心に描いた内容。(自然)
画家コレッジョ	暁星中学校	イタリアの画家コレッジョの生涯に関する内容。(歴史)
職業	暁星中学校	仕立屋、パン職人等、職人の仕事を説明した内容。(生活)
汚い人	L. Ratisbonne	*La Comédie enfantaine*(1861)より抜粋。(教訓)

---

202 初版と第 2 版の著者名は、奥付によると個人名ではなく「暁星中学校」と記載されている。

ペテン師	暁星中学校		占いをしていたペテン師が客に騙される内容。(教訓)
雀と子供達	暁星中学校		親雀が巣から出ていく子供達を探す内容。(童話)
消えたお金	暁星中学校		買い物に行くお金を失した子供を見た大人が立替える内容。(教訓)
夏	暁星中学校		夏の光景、天候等を綴った内容。(自然)
クルミ	暁星中学校		子供達がクルミを巡って争奪を繰り広げる内容。(教訓)
鶏と狐	暁星中学校		狐が鶏を欺こうとするが、逆に鶏に復讐されるという内容。(教訓)
鳥に対する憐み	暁星中学校		鳥と子供の交流を描いた内容。(童話)
スエズ運河	E. Lavisse		E. Lavisse の作品より抜粋。※出典元は不明。(歴史)
秋	暁星中学校		秋の光景、天候等を綴った内容。(自然)
グーテンベルク	暁星中学校		グーテンベルクが考案した活版印刷について綴った内容。(歴史)
魂	暁星中学校		人間が持つ目に見えない魂について綴った内容。(歴史)
泥棒の回復	暁星中学校		半井明親が泥棒の怪我を治療した内容に関する散文。(歴史)
冬	暁星中学校		冬の光景、天候等を綴った内容。(自然)
花と陰り	暁星中学校		夏に咲く花を題材にした韻文。(自然)
カール14世	暁星中学校		スウェーデン国王・カール14世の生涯を綴った内容。(歴史)
畑の片隅	暁星中学校		畑の隅で出会った子供達がお互いの村を紹介する内容。(生活)
写真	暁星中学校		フランスで誕生した写真の歴史に関して綴った内容。(社会)
フルトン	暁星中学校		アメリカのケンタッキー州を説明した内容。(社会)
アンカラとバヤジェ	暁星中学校		15世紀に起きたアンカラの戦いを綴った内容。(歴史)
避雷針	暁星中学校		フランクリンが発明した避雷針を説明した内容。(生活)
余分なリンゴ	暁星中学校		少年達がリンゴを奪い合う内容の散文。(教訓)
麦の穂	暁星中学校		麦の穂を題材にした韻文。(生活)
コロンブス	暁星中学校		クリストフ・コロンブスの生涯を綴った内容。(歴史)
気球	暁星中学校		気球の歴史に関して綴った内容。(社会)
ミョウガの効果	暁星中学校		ミョウガの効果を綴った内容。(日本の出来事)
パルマンティエ	暁星中学校		農学者パルマンティエの生涯を綴った内容。(歴史)
スズメと鳩	J. Grenus		*Fables diverses*(1807)より抜粋。
私の友人	暁星中学校		学友を紹介した内容の散文。(生活)
桜桃の木	暁星中学校		桜桃の木の特徴を綴った内容。(自然)
上野	暁星中学校		上野の街並みの様子を綴った内容。(日本の出来事)
反復	暁星中学校		毎日、学校へ通学し学習する事を綴った内容。(生活)
太陽	暁星中学校		太陽が軌道を廻り、地球を照らし続ける事を綴った内容。(自然)
釣り1	暁星中学校		釣りに行った時の様子を綴った内容。[前半](生活)
釣り2	暁星中学校		釣りに行った時の様子を綴った内容。[後半](生活)

水泳	暁星中学校	兄弟で海へ行き、泳いだ様子を綴った内容。(生活)
基本方位	暁星中学校	東西南北の特徴を綴った内容。(自然)
新年	暁星中学校	正月の光景を綴った内容。(日本の出来事)
手	暁星中学校	動物の中でも人間の手の特徴を綴った散文。(生活)
ライオン	暁星中学校	ライオンの習性を綴った内容。(自然)
海	暁星中学校	家族で海浜旅行へ行った時の内容を綴った散文。(生活)
日本の風景	暁星中学校	日光や厳島等、日本三景について綴った内容。(日本の出来事)
地球	暁星中学校	地球の特徴を綴った内容。(自然)
溺れる少年	暁星中学校	河で溺れている少年に対して、通行人が説教する内容。(教訓)
世界一周	暁星中学校	主人公が船を使って、世界一周を切望する事を綴った内容。(社会)
ホシムクドリ	暁星中学校	猟師とホシムクドリの交流を描いた内容。(童話)
猫	暁星中学校	猫の習性を綴った内容の散文。(自然)
犬のメドール	暁星中学校	犬のメドールと主人の交流を綴った内容の散文。(生活)
最高級の宝飾品	暁星中学校	母親が自らの宝飾品を子供に贈る内容の散文。(教訓)
キャベツ	暁星中学校	キャベツを巡って2人の労働者達が繰り広げる会話。(生活)
馬	暁星中学校	馬の習性を綴った内容の散文。(自然)
釣り人と小さな魚	暁星中学校	釣り人と小さな魚の交流を描いた内容の散文。(童話)
狐	暁星中学校	狐を主人公にした掌編。(童話)
水	暁星中学校	水の特性を綴った内容の散文。(自然)
羊と狼	暁星中学校	水を飲む羊と、羊を邪魔する狼との出来事を綴った散文。(倫理)
通貨	暁星中学校	日本で使用されている通貨の素材を綴った散文。(日本の出来事)
目の見えない人	暁星中学校	目の見えない人が音を頼りに生活する様子を綴った散文。(生活)
子羊と狼	暁星中学校	子羊と狼の交流を綴った内容の掌編。(童話)
カラタクス	暁星中学校	古代ローマの英雄カラタクスの生涯を綴った伝記。(歴史)

2. *Cours élémentaire*. 1909 年(第 3 版)から 1940 年(第 11 版)迄の作品概略.

作品名	著作権者または典拠	概略
被り物	ジョゼフ・ヴェルニエ	主人公の父親が様々な場所に応じて帽子を使い分ける内容。(生活)
学校で教わる事	ジョゼフ・ヴェルニエ	主人公の生徒が学校で教わる教科の内容を綴った散文。(生活)
ロバの悲しい結末	ジョゼフ・ヴェルニエ	荷物を運ぶロバが運河で遭難する内容の散文。(童話)
砲兵兵隊	ジョゼフ・ヴェルニエ	兵隊の兄と弟の家庭での交流を描いた散文。(生活)
シャルル 7 世	ジョゼフ・ヴェルニエ	シャルル 7 世がワインを過飲し失態を綴った散文。(歴史)
兄弟の愛	ジョゼフ・ヴェルニエ	奴隷になった兄弟が互いに助け合う内容の散文。(倫理)
風邪	ジョゼフ・ヴェルニエ	疲労により風邪になった弟を兄が助ける内容の散文。(生活)
助けられた泥棒	ジョゼフ・ヴェルニエ	部屋に侵入した泥棒を主人公が免罪にする内容の散文。(倫理)
私の部屋	ジョゼフ・ヴェルニエ	家の主人が各部屋を紹介した内容の散文。(生活)
蒸気自動車	ジョゼフ・ヴェルニエ	蒸気自動車の特性を綴った内容の散文。(社会)
路面電車	ジョゼフ・ヴェルニエ	通学する生徒が電車の様子を説明した散文。(社会)
絵具箱	ジョゼフ・ヴェルニエ	父から贈呈された絵具箱の中身を子供が紹介する内容。(生活)
日本の花	ジョゼフ・ヴェルニエ	桜の特性を綴った内容の散文。(日本の出来事)
一粒の麦	ジョゼフ・ヴェルニエ	麦がヨーロッパで食料品として使用された事を綴った散文。(歴史)
私のコレクション	ジョゼフ・ヴェルニエ	主人公が自らの収集品を紹介する内容の散文。(生活)
年老いた密猟者	ジョゼフ・ヴェルニエ	年老いた密猟者の子供が、遭難した父を助ける内容の散文。(倫理)
価値	J. Aicard	*Les Livres des petits*(1886)より抜粋。(倫理)
コウモリ	ジョゼフ・ヴェルニエ	コウモリの特性を綴った内容の散文。(自然)
鳩と蟻	ジョゼフ・ヴェルニエ	鳩を狙おうとした猟師に対して、蟻が射撃を阻止する内容。(倫理)
写真	ジョゼフ・ヴェルニエ	写真の有用性を巡って繰り広げられる会話文。(社会)

3. *Cours élémentaire*. 1953 年(第 12 版)の作品概略[203].

作品名	著作権者または典拠	概略
寒暖計	アルベール・ヘグリ	寒暖計の特性を綴った内容の散文。(社会)
路面電車とバス	アルベール・ヘグリ	路面電車とバスの特性を会話文で綴った内容。(社会)
映画	アルベール・ヘグリ	映画の歴史を綴った内容の散文。(社会)
印刷	アルベール・ヘグリ	印刷の歴史を綴った内容の散文。(社会)
イソップの言葉	アルベール・ヘグリ	イソップ物語を解説した内容の散文。(倫理)
テレビ	アルベール・ヘグリ	テレビの特性を綴った内容の散文。(社会)

---

203 第 12 版の著者名は、奥付によるとアルベール・ヘグリと記載されている。

4. *Cours moyen*.1904年(第5版)の作品概略.
17世紀の作品

作品名	作家または典拠	概略
悪夢	C. Rollin	古代ローマの政治家・大カトーの政治活動に関する散文。(歴史)
2匹のキツネ	F. Fénelon	2匹のキツネが鳥小屋の中で餌の取り合いをする。(教訓)
英雄ぶったウサギ	F. Fénelon	野原を散歩するウサギが土地の人間の領土争いに出くわす。(童話)
役人の職を得たサンサナトス	C. Rollin	役人・サンサナトスは最初の仕事が農業である事に戸惑う。(歴史)
若い蠅	F. Fénelon	子供の蠅が親から躾を受ける物語。(童話)
鴉と狐	La Fontaine	『寓話』(1668)より抜粋。(教訓)
狼と若い羊	F. Fénelon	狼に遭遇した羊は動物より、植物を食料にする事を勧める。(教訓)
蛙と牛	La Fontaine	『寓話』(1668)より抜粋。(教訓)
蜂と蠅	F. Fénelon	蠅が蜂蜜を奪取する為、蜂の巣に忍び込む。(童話)
報われない鳩	F. Fénelon	夫婦の鳩の夫が日常に退屈し、知らない土地へ行く。(教訓)
ハンニバルの戦略	C. Rollin	ハンニバル戦争よりガリア侵略に関する散文。(歴史)
謎めいた記載	R. Lessage	子供達が泉へ行くと、謎めいた記載が刻まれた石碑を見つける。(童話)
ソクラテスの言葉	La Fontaine	『寓話』(1668)より抜粋。(教訓)
人間の一生	B. Bossuet	一生の内で、選択を迫られた時に判断する指針を綴った散文。(教訓)
2人の旅行者達	C. Florian	目的地迄の道中での自然の描写を綴った韻文。(自然)
2匹の雄ラバ	La Fontaine	『寓話』(1668)より抜粋。(教訓)
ブルボンとバイヤール	F. Fénelon	フランスで戦争が生じた際の愛国心を巡る会話。[前半] (社会)
ブルボンとバイヤール	F. Fénelon	フランスで戦争が生じた際の愛国心を巡る会話。[後半] (社会)
歴史の価値	C. Rollin	子供達が学校で歴史を学習する事の重要性を綴った散文。(社会)
農夫と子供	La Fontaine	『寓話』(1668)より抜粋。(教訓)
狐と雄ヤギ	La Fontaine	『寓話』(1668)より抜粋。(教訓)
読書	P. Nicole	本を読む事で思考力の向上、教養を育める事を綴った散文。(生活)
サイラスの幼少期	C. Rollin	ペルシャ王・サイラスが幼少期の友人との交遊を描いた散文。(歴史)
牛乳入れとポット	La Fontaine	『寓話』(1668)より抜粋。(教訓)
ロうるさい人	Brueys/Palapartの共作	家の主人が召使に、様々な注文を付ける会話文より抜粋。(生活)
会話	Rochefoucauld	『箴言集』より抜粋。(教訓)

壊れやすい物	C. Florian	幸福な家庭の日常が崩壊した内容を描いた散文。(生活)
守銭奴	Molière	『守銭奴』(1668)より抜粋。(喜劇)
人間の卑しさと偉大さ	Pascal	『パンセ』(1669)より抜粋。(教訓)
特進した兵士	Corneille	*Don Sanche d'Aragon* (1649)より抜粋。(社会)
セヴィニエ夫人からブシィへ	Sévigné	セヴィニエ夫人 (1626-1696)の綴った書簡 Vol.1。(手紙)
ボワローからラシーヌへ	N. Boileau	ボワロー (1636-1711)の綴った書簡。(手紙)
ラシーヌから子供へ	J. Racine	ラシーヌ (1639-1699)の綴った書簡。(手紙)
セヴィニエ夫人からポムポヌへ	Sévigné	セヴィニエ夫人 (1626-1696)の綴った書簡 Vol.2。(手紙)

18世紀の作品

作品名	作家または典拠	概略
少年とスズメバチ	P. Levavasseur	野原を歩いていた少年がハチの危険を知らずに捕まえる。(童話)
テュレンヌと泥棒	Ramsay	泥棒に取り囲まれたテュレンヌが脱走を画策する。(歴史)
馬鍬	B. Franklin	2人の農民が入手した馬鍬を使い、耕作する姿を描く。(生活)
狡猾な猿	A. Martin	森の中に棲息する猿の一味が食料を手に入れようとする。(自然)
農場	F. Voltaire	ヴォルテールの『カンディード』(1759)より抜粋。(自然)
ダモンとファンティアス	J. Barthélemy	王はダモンに死刑を宣告するが、友人が恩赦を要求する。(教訓)
葡萄畑と農民	J. Reyre	葡萄畑を営む農民が、労働と収穫について歌った韻文。(社会)
祖父と孫	Grimm	『グリム童話』より抜粋。(童話)
友人の死	X. Maistre	冬の夜に死去した友人の追悼文。(生活)
ナポレオンI世の別離	Napoléon I	*François Fain* の *Manuscrit de l'an* (1814)より抜粋。(歴史)
仏国兵士の英雄行為	C. Mirabeau	老兵が若い兵士の身代わりとなり、敵地へ単身乗り込む。(教訓)
奇妙な取り違え	P. Ségur	エカテリーナII世が反乱時、男装する内容の散文[前半]。(歴史)
奇妙な取り違え	P. Ségur	エカテリーナII世が反乱時、男装する内容の散文[後半]。(歴史)
犬	L. Buffon	犬の習性を描いた内容。(自然)
秀吉の朝鮮占領	X. Charlevoie	「文禄・慶長の役」から、釜山上陸の描写を抜粋。(歴史)
瀕死の狼	E. Lessing	ドイツの思想家・レッシングの『寓話集』(1759)より抜粋。(教訓)

馬	L. Buffon	他の動物と比較しながら、馬の習性を綴った散文。(自然)
巧妙な策略	J. Marion	18世紀のポーランド継承戦争に関する伝記。(歴史)
テルモピュライのレオニダスI世	J. Barthélemy	テルモピュライの戦いを題材にしたオリジナル散文。(歴史)
イヌヤマ猫	L. Buffon	オオヤマネコの習性を綴った散文。(自然)
ロラン夫人からソフィーへ	P. Roland	ロラン夫人(1754-1793)の綴った書簡。(手紙)
ジョセフ・ド・メトルから娘へ	J. Maistre	ジョセフ・ド・メトル(1753-1821)の綴った書簡。(手紙)
J.Bルソーからブロセットへ	J. B. Rousseau	J.Bルソー(1670-1741)の綴った書簡。(手紙)

19世紀の作品

作品名	作家または典拠	概略
小さな兵隊	V. Laprade	少年に対し兵士になる事を啓発させ、愛国心を帯びた韻文。(教訓)
祖国	É. Souvestre	神父が若者の前で祖国の意義と尊厳を説く。(教訓)
庭での夕食	T. Barrau	召使と主人による夕食を巡って繰り広げられる喜劇。(喜劇)
ラ・バリス元帥	P. Chasles	スペイン軍に囲まれたラ・バリス元帥が行った奇策の物語。(歴史)
私の故郷	Dumas-Père	デュマ(父)の *Mes mémoires* (1852-1856)より抜粋。(地理)
中国の日本人	S. Pichon	*Siège des légation* より抜粋。(社会)
慈悲と憐み深さ	A. Karr	主人公が寝ている路上生活者に食料の入った小包を渡す。(教訓)
トンブクツに到着したカイエ	R. Caillié	R.カイエ自身が記したアフリカ大陸の風景描写。(自然)
陸軍大佐	E. Lavisse	18世紀フランスの軍人シェヴェールに関する散文。(歴史)
猿と駱駝	G. Stassart	友人の猿を背中に乗せたラクダが、旅に出かける。(童話)
蝸牛と青虫	P. Lachambaudie	小動物を主人公にした韻文。(童話)
ジャッカルと狐	Cherbonneau	狐が犬に下された義務を果たすが、騙された事に気付く。(童話)
試験	D. Lacordaire	1793年、若者達が砲兵学校に入学する過程を描いた散文。(歴史)
シャルルI世の別離の言葉	F. Guizot	大英帝国のチャールズI世が子供達へ伝えた別離の言葉。(歴史)
13歳の船員	T. Barrau	航海士の資格を得る為、若い青年が乗船して訓練を受ける。(社会)
コンスタンティーヌの占領	S. Arnaud	アルジェリアがフランスに占領された光景を綴った手紙文。(社会)
ルオー大尉	Stendhal	*Correspondance* (1829)の *Paris,le 28 decembre* より抜粋。(社会)
少年と天使	J. Reboul	天使と子供との交流を描いた韻文。(童話)

作品名	著作権者または典拠	概略
アラブ人と馬	A. Lamartine	*Voyage en Orient* (1835)より抜粋。(教訓)
最初の仲間	L. Landelle	アダムとイヴに関する散文。(教訓)
下士官	A. Delpit	イタリア戦争で活躍した下士官の臨終を綴った韻文。(歴史)
2人の兄弟	A. Lamartine	*Voyage en Orient* (1835)より抜粋。(教訓)
兵士の夢想	L. Halévy	兵士が家族と故郷の光景を回想した韻文。(歴史)
神	F. Lamennais	父と子供達が、信仰について交わした会話。(教訓)
子供	V. Hugo	*Les Feuilles d'automne* (1831)より抜粋。(生活)
若者への序言	F. Lamennais	あらゆる人間に対し、憐みの感情を抱く事を綴った散文。(教訓)
サンベルナールと山の修道院	T. Barrau	山の中で営んでいる修道院の様子を描写した散文。[前半] (生活)
サンベルナールと山の修道院	T. Barrau	山の中で営んでいる修道院の様子を描写した散文。[後半] (生活)
命日	C. Millevoye	子供が父の生前について回想した内容の韻文。(生活)
マルボ将軍と馬のリセット	E. Biré	エロー戦争における将軍の活躍を描いた散文。[前半](歴史)
マルボ将軍と馬のリセット	E. Biré	エロー戦争における将軍の活躍を描いた散文。[後半](歴史)
焼失した藁葺の家	A. Musset	*Poésies nouvelles* (1850)より抜粋。(生活)
従順	E. Laboulaye	職場、学校、一般家庭等で服従すべき行為を説明した散文。(教訓)
ヴァルミー戦争	A. Lamartine	ヴァルミー戦争で兵士の活躍を描いた散文。[前半](歴史)
ヴァルミー戦争	A. Lamartine	ヴァルミー戦争で兵士の活躍を描いた散文。[後半](歴史)
兵士の夢	S. Jouffroy	兵士が兵舎を脱出し、両親の住む家に赴く内容の散文。[前半](教訓)
兵士の夢	S. Jouffroy	兵士が兵舎を脱出し、両親の住む家に赴く内容の散文。[後半](教訓)
蛇の魔法使い	F. Chateaubriand	*Génie du christianisme chapitre* II より抜粋。(童話)
前進	P. Déroulède	フランス軍兵士の国威高揚を歌った韻文。(社会)
モスクワ戦線の野営	P. Ségur	ナポレオンのロシア戦役(1812)をモチーフにした散文。(歴史)
近衛兵は降伏せず	A. Thiers	アドルフ・ティエル(1797-1877)の綴った書簡。(手紙)

その他

作品名	著作権者または典拠	概略
アンリ4世と農民	暁星中学校	アンリ4世と農民による帽子を巡って繰り広げられる喜劇。(喜劇)
コロンブスの卵	暁星中学校	コロンブスによるアメリカ大陸の発見に関する散文。(歴史)

騙す人	暁星中学校	アントニウスは部下に魚釣りの方法を騙される。(教訓)
大胆な行為	暁星中学校	マフディー戦争で、セーヴ将軍が行った奇襲を綴った散文。(歴史)
教育の効果	暁星中学校	教育者が2匹の犬を事例にして、躾の重要性を説く。(教訓)
エデス市を占領するアラブ人の策略	暁星中学校	市民が司令官虐殺を企てる様子を綴った散文。(教訓)
戦争後のナポレオンの声明文	暁星中学校	兵士に向けて綴った愛国心を帯びた声明文。(歴史)
好意的な画家	暁星中学校	客の肖像画を無償で引き受けた画家に関する物語。(生活)
どの様に怠情に打ち勝つか	暁星中学校	18世紀フランスの学者ビュフォンに関する伝記。(歴史)
国際公法に対する尊敬	暁星中学校	街を包囲された時、学生が国際法を掲げてデモを鎮圧する。(教訓)
誠実な行い	暁星中学校	両親の生活を支える為、兵役に就いた青年の軍隊での物語。(教訓)
父と母への手紙	暁星中学校	*Cours moyen* (1904年)の著作権編集者が綴った書簡1。(手紙)
母への手紙	暁星中学校	*Cours moyen* (1904年)の著作権編集者が綴った書簡2。(手紙)
叔母への手紙	暁星中学校	*Cours moyen* (1904年)の著作権編集者が綴った書簡3。(手紙)
ジャンから両親への手紙	暁星中学校	*Cours moyen* (1904年)の著作権編集者が綴った書簡4。(手紙)
ジョゼフからエミールへ	暁星中学校	*Cours moyen* (1904年)の著作権編集者が綴った書簡5。(手紙)
父への手紙	暁星中学校	*Cours moyen* (1904年)の著作権編集者が綴った書簡6。(手紙)
手紙1	暁星中学校	*Cours moyen* (1904年)の著作権編集者が綴った書簡7。(手紙)
手紙2	暁星中学校	*Cours moyen* (1904年)の著作権編集者が綴った書簡8。(手紙)
手紙3	暁星中学校	*Cours moyen* (1904年)の著作権編集者が綴った書簡9。(手紙)
虎と狐	日本語書籍の翻訳	虎に捕まったキツネが捕獲される事の恐怖を問いただす。(教訓)
塙保己一の物語	日本語書籍の翻訳	江戸時代の国学者・塙保己一の生涯。(歴史)
無防備な泥棒達	日本語書籍の翻訳	生地を盗んだ泥棒達が、裁判官から恩赦を受ける。(教訓)
盲人の冒険	日本語書籍の翻訳	男性が旅行前に宿屋の主人から安全の為、提灯を受取る。(教訓)
1593年元禄2年	日本語書籍の翻訳	文禄・慶長の役に関する散文。(歴史)
次郎と三郎の物語	日本語書籍の翻訳	父から譲ったフルートを兄弟が大切に演奏する。(生活)
近東諸国の寓話	独語書籍の翻訳	中近東を舞台に、旅行者による道中記。(教訓)
世界の端	Porchat	ポルカの歌詞より抜粋。(童話)
他者への行い	新約聖書	『新約聖書』から「マタイの福音」より抜粋。(教訓)
放蕩する子供	新約聖書	『新約聖書』から「マタイの福音」より抜粋。(教訓)
幸せな出会い	Dufau	神父が盲目の人々へ目に見えない金貨の価値を説く。(教訓)

幸福	P. B. Valades	幸せの意味を綴った韻文。(教訓)
カリフとバラ	P. B. Valades	アルマンゾールは枯れかかったバラを回復させようとする。(教訓)
東海道	Villetard	歴史学者の見た江戸時代の東海道に関する散文。(歴史)
バラと茂み	Maigrot	森の中、バラが光を浴びて開花する事を描いた散文。(自然)
フグ料理の話	L. Bastide	部位の一部に毒があるフグの食べ方を巡る物語。(教訓)
アレクサンドル I 世と大隊の指導者	E. Monpeurt	アレクサンドル I 世が、ロシア人と交わした会話。(歴史)
マレンゴのドゼー	S. George	マレンゴの戦いで、ドゼーが戦死した様子を綴った散文。(歴史)

5. *Cours moyen*. 1909年(第6版)から1974年(第14版)迄の作品概略.

17世紀の作品

作品名	作家または典拠	概略
悪夢	C. Rollin	古代ローマの政治家・大カトーの政治活動に関する散文。(歴史)
鴉と狐	La Fontaine	『寓話』(1668)より抜粋。(教訓)
2匹の狐	F. Fénelon	2匹のキツネが鳥小屋の中で餌の取り合いをする。(教訓)
口うるさい人	Brueys /Palapart の共作	家の主人が召使に、様々な注文を付ける会話文より抜粋。(生活)
蛙と牛	La Fontaine	『寓話』(1668) より抜粋。(教訓)
農夫と子供	La Fontaine	『寓話』(1668) より抜粋。(教訓)

18世紀の作品

作品名	作家または典拠	概略
馬鍬	B. Franklin	2人の農民が入手した馬鍬を使い、耕作する姿を描く。(生活)
テュレンヌと泥棒	Ramsay	泥棒に取り囲まれたテュレンヌが脱走を画策する (歴史)
狡猾な猿	A. Martin	森の中に棲息する猿の一味が食料を手に入れようとする。(自然)
祖父と孫	Grimm	『グリム童話』より抜粋。(童話)
奇妙な取り違え	P. Ségur	エカテリーナⅡ世が反乱時、男装する内容の散文 [前半]。(歴史)
奇妙な取り違え	P. Ségur	エカテリーナⅡ世が反乱時、男装する内容の散文 [後半]。(歴史)
巧妙な策略	J. Marion	18世紀のポーランド継承戦争に関する伝記。(歴史)
ナポレオンⅠ世の別離	Napoléon Ⅰ	*François Fain* の *Manuscrit de l'an* (1814) より抜粋。(歴史)
フランス兵の英雄行為	C. Mirabeau	老兵が若い兵士の身代わりとなり、敵地へ単身乗り込む。(教訓)

19世紀の作品

作品名	作家または典拠	概略
陸軍大佐	E. Lavisse	18世紀フランスの軍人シェヴェールに関する散文。(歴史)
フグ料理の話	L. Bastide	部位の一部に毒があるフグの食べ方を巡る物語。(教訓)
猿と駱駝	G. Stassart	友人の猿を背中に乗せたラクダが、旅に出かける。(童話)
ジャッカルと狐	Cherbonneau	狐が犬に下された義務を果たすが、騙された事に気付く。(童話)
庭での夕食	T. Barrau	召使と主人による夕食を巡って繰り広げられる喜劇。(喜劇)
慈悲と憫み深さ	A. Karr	主人公が寝ている路上生活者に食料の入った小包を渡す。(教訓)
2人の兄弟	A. Lamartine	*Voyage en Orient* (1835) より抜粋。(教訓)
戦いの後	V. Hugo	諸世紀の伝説(1859)より抜粋。(教訓)
マルボ将軍と馬の	E. Biré	エロー戦争における将軍の活躍を描いた散文。[前半] (歴史)

リセット		
マルボ将軍と馬のリセット	E. Biré	エロー戦争における将軍の活躍を描いた散文。[後半] (歴史)
アラブ人と馬	A. Lamartine	*Voyage en Orient* (1835) より抜粋。(教訓)

20世紀の作品

作品名	作家または典拠	概略
恐れるな	R. Bazin	*Douce France*(1911)より抜粋。(教訓)

オリジナルテキストとその他

作品名	著作権者または典拠	概略
少年と眼鏡	ジョゼフ・ヴェルニエ	少年が祖母に読書出来るよう眼鏡をプレゼントする。(生活)
半分の利益	ジョゼフ・ヴェルニエ	魚を買おうとする貴族に、漁師は金銭以外の報酬を切望する。(教訓)
私達の庭園	ジョゼフ・ヴェルニエ	庭園にある植木の変化と手入れを行う庭師の様子を描いた散文。(生活)
反響	ジョゼフ・ヴェルニエ	少年が牧場で大声を発して起こる反響を物語にした散文。(教訓)
幼い子供	ジョゼフ・ヴェルニエ	不登校気味の少年が、スズメバチから学習する事の意義を教わる。(童話)
鶏と狐	ジョゼフ・ヴェルニエ	鶏と狐を欺こうとした詐欺師が、逆に欺かれる。(教訓)
欲しい物を入手	ジョゼフ・ヴェルニエ	市場へ赴いた農夫は自分が飼っていた消息不明の馬を発見する。(教訓)
時計職人	ジョゼフ・ヴェルニエ	街にある小さな時計屋を営む職人の生活を描いた散文。(生活)
2人をより愛する	ジョゼフ・ヴェルニエ	少年が、父親と母親のどちらが大切な存在なのかについて熟考する。(教訓)
春	ジョゼフ・ヴェルニエ	春の移りゆく自然の光景を綴った散文。(自然)
狐とコウノトリ	ジョゼフ・ヴェルニエ	狐はコウノトリを家に招いて食事会を開く。(童話)
消えて再び見つかった3000フラン	ジョゼフ・ヴェルニエ	パリで旅行者が金銭を失くした光景を見た犬が、財布を探し出す。(童話)
肖像画	ジョゼフ・ヴェルニエ	肖像画を依頼した男性と画家のやり取りを巡る物語。(教訓)
ロバと犬	ジョゼフ・ヴェルニエ	買い物に出かけた農民とロバは、道すがら不思議な犬に出会う。(童話)
盲人と象	ジョゼフ・ヴェルニエ	恵みを乞う6人の盲人が、象が目の前を通った事の真偽を議論する。(教訓)
赤ん坊の秘密	ジョゼフ・ヴェルニエ	生まれたばかりの子供の特徴を描いた韻文。(生活)

原石のスープ	ジョゼフ・ヴェルニエ	旅行者達がある街で宿泊した時、妙なメニューを見つける。(童話)
夏	ジョゼフ・ヴェルニエ	夏の厳しい暑さと自然の光景を綴った散文。(自然)
連隊	ジョゼフ・ヴェルニエ	歩兵連隊の訓練の光景を描いた散文。(社会)
火事	ジョゼフ・ヴェルニエ	近所にある家が火災に巻き込まれた様子を描いた散文。(生活)
夏の夕暮れ時の街	ジョゼフ・ヴェルニエ	学生が避暑地で過ごした夏の夕方の光景を描いた散文。(生活)
桃	ジョゼフ・ヴェルニエ	父が子供達に桃を与えるが、兄は食べず、病弱な弟に分け前を贈る。(教訓)
いとこの死去	ジョゼフ・ヴェルニエ	日本の教会で、いとこの葬儀が営まれた事を描いた散文。(日本の出来事)
秋	ジョゼフ・ヴェルニエ	秋の農村での収穫を綴った散文。(自然)
大きな貨幣の記憶	ジョゼフ・ヴェルニエ	財布から落ちた貨幣が、他の人に拾われる迄を描いた散文。(童話)
暖房	ジョゼフ・ヴェルニエ	冬に使用される暖房機器について説明した散文。(生活)
魔法の箱	ジョゼフ・ヴェルニエ	給与が減少していく農民が老人と出会い、魔法の箱を手渡される。(童話)
家族と両親	ジョゼフ・ヴェルニエ	自分の家族と両親について綴った散文。(生活)
照明	ジョゼフ・ヴェルニエ	照明(ロウソク、ガスランプ、電球)の変遷を綴った散文。(生活)
ポートワインのグラス	ジョゼフ・ヴェルニエ	気分の優れない役者が、医者から気付け薬にワインを差し出される。(教訓)
地震	ジョゼフ・ヴェルニエ	1891年に美濃地方で起きた大地震の様子を綴った散文。(歴史)
敵に対する礼儀	ジョゼフ・ヴェルニエ	クリミア戦争でフランス軍とロシア軍の対決を描いた散文。(歴史)
冬	ジョゼフ・ヴェルニエ	雪が降る農村の光景と住民が冬支度を行う事を綴った散文。(自然)
新年	ジョゼフ・ヴェルニエ	1月1日の新年の家庭の様子を描いた散文。(生活)
何も不可能ではない勇敢な心	ジョゼフ・ヴェルニエ	入院中の父の医療費を稼ぐ為、子供が懸命に働く事を描いた散文。(教訓)
教育	ジョゼフ・ヴェルニエ	学生が高等教育機関に進学する事の重要性を綴った散文。(社会)
日曜日	ジョゼフ・ヴェルニエ	学生が休日を過ごす1日を綴った散文。(生活)
旅行	ジョゼフ・ヴェルニエ	船や自動車、電車等の発達で、旅行する事の容易さを綴った散文。(社会)
上手な商人	ジョゼフ・ヴェルニエ	商人が市場で言葉巧みに、次々と商品を売っていく内容の散文。(喜劇)
外国語の学習	ジョゼフ・ヴェルニエ	英語以外に、仏語、独語を習得する事の重要性を綴った散文。(生活).
犬	ジョゼフ・ヴェルニエ	ヨーロッパに生息する犬の特性を綴った散文。(自然)
マルセイユ	ジョゼフ・ヴェルニエ	旅行者が、マルセイユの街並みについて綴った手紙文。(地理)
郵便.電報.電話	ジョゼフ・ヴェルニエ	通信手段の有益性と警鐘を綴った散文。(社会)

11月3日	ジョゼフ・ヴェルニエ	日本の祝日「文化の日」について説明した散文。(生活)
リヨン	ジョゼフ・ヴェルニエ	旅行者が、リヨンの街並みについて綴った手紙文。(地理)
鉄製品	ジョゼフ・ヴェルニエ	子供は、父から鉄が様々な商品に利用される事の説明を聞く。(社会)
パンが出来る迄	ジョゼフ・ヴェルニエ	麦畑を通った子供が、父からパンが出来上がる迄の工程を聞く。(生活)
パリの4日間・初日	ジョゼフ・ヴェルニエ	旅行者がパリに到着して1日目に書いた手紙文。(地理)
2日目	ジョゼフ・ヴェルニエ	旅行者がパリに到着して2日目に書いた手紙文。(地理)
3日目	ジョゼフ・ヴェルニエ	旅行者がパリに到着して3日目に書いた手紙文。(地理)
4日目	ジョゼフ・ヴェルニエ	旅行者がパリに到着して4日目に書いた手紙文。(地理)
紡ぎ手のファルゴア	ジョゼフ・ヴェルニエ	子供が崖に転落しかけた時、母と近隣の住民が救出しようとする。(童話)
ジャガイモ	ジョゼフ・ヴェルニエ	ジャガイモが、18世紀に食品として使用された事を綴った散文。(社会)
リール	ジョゼフ・ヴェルニエ	旅行者が、リールの街並みについて綴った手紙文。(地理)
自筆	ジョゼフ・ヴェルニエ	子供が生前の父の手紙を入手する事を綴った散文。(教訓)
健康な身体と心	ジョゼフ・ヴェルニエ	自分の弟が病気から回復する迄を描いた散文。(生活)
ボルドー	ジョゼフ・ヴェルニエ	旅行者が、ボルドーの街並みについて綴った手紙文。(地理)
赤いのど	ジョゼフ・ヴェルニエ	赤いのどを烏と少年達の交流を描いた掌編作品。(童話)
熊と2人の猟師	ジョゼフ・ヴェルニエ	熊の毛皮を入手しようとした猟師が遭難して熊に遭遇する。(教訓)
ツバメ	ジョゼフ・ヴェルニエ	家の主人とツバメの交流を描いた掌編作品。(童話)
フランス	ジョゼフ・ヴェルニエ	フランスの各都市と首都の特徴を綴った散文。(地理)
ナポレオン1世	ジョゼフ・ヴェルニエ	ナポレオン1世の生涯を綴った内容の散文。(歴史)
衣服	ジョゼフ・ヴェルニエ	ヨーロッパの服飾の歴史について綴った内容の散文。(生活)
ジャンヌ・ダルク	ジョゼフ・ヴェルニエ	ジャンヌ・ダルクの生涯を綴った内容の散文。(歴史)
睡眠	ジョゼフ・ヴェルニエ	人間の睡眠の機能について綴った内容の散文。(生活)
次郎と三郎の物語	日本語書籍の翻訳	父から譲ったフルートを兄弟が互いに大切に演奏する。(生活)
無防備な泥棒達	日本語書籍の翻訳	生地を盗んだ泥棒達が、裁判官から恩赦を受ける。(教訓)
近東諸国の寓話	独語書籍の翻訳	中近東を舞台に、旅行者による道中記。(教訓)
世界の端	Porchat	ポルカの歌詞より抜粋。(童話)
他者への行い	新約聖書	『新約聖書』から「マタイの福音」より抜粋。(教訓)
住居の衛生	ポール・グリシンガー	家族が住む時の理想の住居環境を綴った内容の散文。(生活)
個人の読書	ポール・グリシンガー	教養と知識を得る為の読書の重要性を綴った内容の散文。(生活)
訪問者	ポール・グリシンガー	再会した友人同士が近況を語る内容の会話文。(生活)
ラ・マルセイエーズ	ポール・グリシンガー	フランス国家が作曲される迄の経緯を綴った内容の散文。(社会)

2つの請求書	ポール・グリシンガー	子供と母親が請求書をメモ帳代わりにして伝言する内容。(生活)
両親への従順	ポール・グリシンガー	肉親に対して従順の心構えを持つ事の重要性を説いた散文。(教訓)
ジル・ブラスの2度の結婚	P. アンベルクロード	ル・サージュの『ジル・ブラス物語』の文章を平易化させた散文。(社会)
危険な家	P. アンベルクロード	家屋が老朽化した為、各部位を補強する事を綴った散文。(生活)
夜	P. アンベルクロード	負傷した大佐を修道女が治療する内容の会話文。(生活)
子供の学校の入学	P. アンベルクロード	子供が学校に入学し、学習する事の意義を綴った散文。(生活)
ルソー	P. アンベルクロード	ルソーの『告白』の文章を平易化させた散文。(教訓)
白鳥	P. アンベルクロード	ビュフォンの『告白』の文章を平易化させた散文。(自然)
徒歩の旅行	P. アンベルクロード	徒歩で散歩、ハイキングをする事の重要性を説いた散文。(自然)
誇りを自制	P. アンベルクロード	幼少期の少年が学校で躾を受けさせる事を綴った散文。(教訓)

第4章　明治時代のフランス文学受容．*Cours supérieur* の分析．東京大学文学部仏文学研究室における文学教育と *Cours supérieur* の関連性．

1節　明治時代のフランス文学受容．

本節では文学作品の抜粋のみで構成された *Cours supérieur* のテクスト分析を行う前に、同書の初版が刊行された1910年以前の日本国内のフランス文学の受容の状況を把握したい。

日本で初めて完訳された作品は、1873年に出版されたジュール・ヴェルヌの『八十日間世界一周』であった[204]。『八十日間世界一周』以降、英語からの重訳を含め、日本ではフランス文学作品が次々と翻訳されて行った[205]。フランス文学の受容を理解する為、『八十日間世界一周』から *Cours supérieur* の初版が刊行された1910年の間に翻訳された作品と作家名を下記に纏める事とする[206]。

　　明治時代に翻訳された主なフランス文学作品
　　1878年　ジュール・ヴェルヌ『八十日間世界一周』
　　1878年　フェヌロン『テレマックの冒険』
　　1882年　ルソー『社会契約論』
　　1882年　デュマ・ペール『バスティーユの奪取』
　　1882年　エルクマン・シャトリアン　『マダム・テレーズ』
　　1883年　ジュール・ヴェルヌ　『月世界一周』
　　1884年　デュマ・ペール　『一医師の随想録』
　　1884年　ヴィクトル・ユゴー　『九十三年』
　　1885年　ウジェーヌ・シュー　『七つの大罪』
　　1885年　ジュール・ヴェルヌ　『地底旅行』
　　1896年　モリエール　『いやいやながら医者にされ』

---

[204] 富田仁・赤瀬雅子著『明治のフランス文学』駿河台出版社、1987年、p.3 以降、本書では書名とページ番号のみを記載する。

[205] 同書、p.144

[206] 同書の紙面、そして篠沢秀夫『立体フランス文学』（朝日出版社、1970年）の巻末の記述を参考にして刊行年月日と作家名、作品名を記載した。なお作品名は戦後、翻訳された刊行物のタイトルに書き改めた。

1897 年 モリエール 『女房学校』
1898 年 モリエール 『町人貴族』
1899 年 モリエール 『病は気から』
1901 年 アレクサンドル・デュマ 『モンテ・クリスト伯』
1902 年 アルフォンス・ドーデ 『プチ・ショーズ』
1902 年 デュマ・フィス 『椿姫』
1902 年 ヴィクトル・ユゴー 『レ・ミゼラブル』
1902 年 モーパッサン 『女の一生』
1903 年 ヴィクトル・ユゴー 『ノートルダム・ド・パリ』
1904 年 バルザック 『ウジェニー・グランデ』
1903 年 エミール・ゾラ 『ナナ』
1908 年 モリエール全集

1878 年に刊行された日本初のフランス文学の翻訳作品である『八十日間世界一周』については、「大陸横断鉄道の売店で手に入れた英訳本『八十日間世界一周』に認められる増補部分に興味をかき立てられ、さきにパリの三井物産にいた従兄中島才吉から贈られたフランス語原本（1872 刊）と照らしあわせて、邦訳を思い立った[207]」と記載されている。従って翻訳を手がけた川島忠之助は英訳を初見し、次にフランス語の原書を入手して翻訳していた事が把握出来る。

そして 1880 年代から 1890 年代のフランス文学の翻訳作品には大きく 2 人の作家が流行していた事が把握出来る。1 人はジュール・ヴェルヌであり、もう 1 人はヴィクトル・ユゴーであった。ジュール・ヴェルヌに関しては、「井上勤や森田思軒らによる『月世界旅行』や『海底旅行』などの出版もあずかって、ジュール・ヴェルヌに代表される空想科学小説ブームは明治 20 年代に最盛期を迎える[208]」と記載されている事から、開国を行って 20 年足らずの日本国内では、ジュール・ヴェルヌの斬新な SF 小説の内容が、如何に庶民を魅了していたのかを伺い知る事が出来よう。そして 1880 年代に入りヴィクトル・ユゴーが翻訳され始める。ユゴーについて、『明治のフランス文学』では木村毅の『明治翻訳文学集』からの文章を交えて下記のように記載している。

　けだしユーゴーの紹介には、板垣退助の洋行がその機運を動かしたことが、大いにあった。例の岐阜遭難の後を受けて洋行した板垣は、明治 16 年、死ぬ数か月前

---

207 塩崎文雄「研究プロジェクト 東京一市民のくらしと文化 川島忠之助家のばあい：江戸の地霊・東京の地縁」、『東西南北：和光大学総合文化研究所年報』2013 年、p. 194
208 同書、p. 192

のユーゴーを訪問した。その時の両者の問答は、昭和4年、私がフランスに留学したころは、あちらの外交界にその言い伝えが未だ残っており、外交官詩人の名を博していた柳沢健が、よく私に話して聞かせた。板垣とユーゴーの話は全く噛み合わず、通訳を通じてぼそぼそとお互いに勝手なことを云いあっていたが、話が小説の事に触れてきて、俄然活気を呈した。「日本のような後進国の国民に広く自由民権の思想を普及するには、どうしたらいいでしょう？」と板垣が尋ねると「それは適当な小説を読ませるのが一番だ」とユーゴーが答えた。これはいささか意外の答であったので、板垣は追っかけて尋ねた。「小説とはどんな作を」「わしがこの20年以内に書いたものなら何でもいい」と云って、特にユーゴーは『九十三年』を挙げたと伝わっている。板垣が帰朝した時、船荷におびただしい小説が積まれているのに、出迎えの者は驚いたが、それがユーゴーとの会見の結果の土産であることをなるほどと納得した[209]。

上述の内容に基づけば、板垣退助がヴィクトル・ユゴーと会談した結果、日本の国民に自著の読書を勧め、ユゴーは多数のフランス文学の洋書を板垣に手渡した事となる。『明治のフランス文学』によれば、「板垣の持ち帰ったおびただしいユーゴーをはじめとする小説作品は、自由党系の機関誌のみではなく、他の新聞にも広く掲載された。[...] 森田思軒は、もともと政治好きであり、ユーゴーの作品と出会った事によってはじめて、「翻訳王」としての名声を得た[210]」と記述している。

即ち、ユゴーが所蔵していた洋書を日本に伝搬させた事によって森田思軒が連載を多数受け持っていた『萬新報』等、西洋文学の翻訳を連載していた新聞に掲載され、明治20年代から始まった「新聞小説」に大きく貢献していた事が伺える。

フランス文学の受容で欠かせない作家の1人に尾崎紅葉が挙げられよう。モリエールの諸作品を1890年代に立て続けに翻訳し、アルフォンス・ドーデや、ヴィクトル・ユゴー等の作品の翻訳も手掛けた。『明治のフランス文学』で「紅葉の作品には、モリエールの作品にあるような厭生観、懐疑主義は見られない。しかし都会人の綾なす人間模様、心の触れ合い、もつれ合いなどについてモリエールの描く所を、紅葉はよく理解する事が出来たのである[211]」と指摘しているが、尾崎紅葉の緻密な文体により、17世紀のフランス文学の翻訳書が日本で初めて刊行されるようになり、西洋文学の受容に大きな貢献を果たした。

---

209 『明治のフランス文学』、p. 170　漢数字のみ算用数字に書き改めた。
210 同書、pp. 170-171
211 同書、pp. 193-194

1903年にエミール・ゾラの『ナナ』が翻訳された頃から尾崎紅葉、田山花袋、永井荷風といった作家達がフランスの自然主義文学に影響を受けて、日本の近代文学作品に自然主義に影響を受けた小説が創作されるようになった。

　前述した「新聞小説」の流れを汲み、1900年代前後から黒岩涙香や長田秋濤、吉田萩洲といった文学者達が、新聞や雑誌等に連載し始め、徐々に長編小説が翻訳されていった。そして本邦初のフランスの作家全集である『モリエール全集』が1908年に刊行されていた。

　日本におけるフランス文学の受容は新聞小説や雑誌による連載と、近代の作家達による翻訳が大きな貢献を果たしている事が確認出来た。しかしながら、古典主義や啓蒙思想の作品の未刊行、そしてロマン主義の中でもミュッセやラ・マルティーヌといった作家の作品が未だ翻訳されていない状況でもあった[212]。

　フランス文学の受容が未完成な状況下であった1910年当時、ジョゼフ・ヴェルニエは文学作品の抜粋と作家のプロフィール、文学史等を全てフランス語で掲載した *Cours supérieur* の初版を刊行するようになった。次節では、*Cours supérieur* の紙面分析を行う。

---

212 本書では近代日本文学とフランス文学の関連性を論究する事が目的ではない為、明治期の受容については概括に留めた。日本文学とフランス文学との関連性については別稿に譲る事とする。

2節　*Cours supérieur* の紙面分析．

1910年に初版が刊行された *Cours supérieur* の紙面においてジョゼフ・ヴェルニエは、作家のプロフィールと文学史の解説を著作権者として、そして *Cours supérieur* の紙面のほとんどを占める文学作品の抜粋の箇所を編集者として携わっていた。紙面の各抜粋項目の概略をリスト化して下記に纏める事とする。

Cours supérieur (初版) の概略[213]

題名	作家名	出典元
第1部		
書物	É. Laboulaye	*Discours populaires*(1870)
鰊の惨めな結末	A. Allais	*Ne nous frappons pas*(1900)
焼き栗商人	E. Souvestre	*La revue de Paris* tome.10(1851).
村の日曜日	H. Murger	*Les nuits d'hiver*(1856)
ランヌ夫人の死	B.Maron	*Mémoires*(1891)
不注意の連続	J. B. Say	『経済学』(1803)
食卓での礼儀	J. Berchoux	*La gastronomie ou l'homme des champs à table*(1819)
野外学校	A. Daudet	『月曜物語』より「盲目の皇帝」(1873)
スウェーデンの冬	X. Marmier	*Lettres sur le nord*(1851)
荒唐無稽な話	P. Mérimée	*Mosaïque*(1833)
初戦	Erckmann-Chatrian	*Histoire d'un conscrit de 1813*(1864)
ブリスケの犬の話	C. Nodier	*Histoire du roi de Bohême et de ses sept chateaux*(1830)
海底の生命	A. Edwards	*La revue scientifique* tome.30(1882)
快適な宿	P. Déroulède	*Manuel général de l'instruction primaire partie scolaire* tome.19(1883)
フォンテーヌの兎	C. Ligne	*Œuvres choisies du Maréchal Prince de Ligne*(1809)
過剰な礼儀	H. Moreau	*Contes à ma sœur*(1889)
悪行	C. Monselet	*Scènes de la vie cruelle*(1876)
伊軍への声明	Napoléon	イタリア戦記(1859)
移動での驚き	G. Maupassant	『あだ花』より「廃兵」(1890)
無傷	H. Bornier	*Un cousin de passage*(1900)
大至急	E. Gebhart	*Les Origines de la Renaissance en Italie*(1879)
パリの住人	E. About	*Madelon*(1863)
幼少期の思い出	A. France	『我が友の書』(1892)

---

213 *Cours supérieur* 第1部の各項目の抜粋文章には出典元となる書名が記載されていない為、原文をウェブサイト Google books で検索して出典元を解明させた。

貴方は他者を救う	F. Lamennais	*Paroles d'un croyant*(1833)
老兵の物語	R. Bazin	*Revue d'économie sociale et rurale* tome.44 (1902)
登山	E. Reclus	*La terre, description des phénomènes de la vie du globe*(1870)
ツバメの言う事	T. Gautier	『七宝螺鈿集』より「七宝とカメオ」(1852)
レクイエム	Stendhal	『モーツァルト』(1815)
フランク王の弱気	A. Thierry	『メロヴィング王朝史話』(1833)
兄弟	L. Veuillot	*Les libres penseurs* (1848)
花の香り	P. Bersot	*Morale et politique*(1868)
幼き生徒	Comte d'Haussonville	*Ma jeunesse, 1814-1830 : souvenirs*(1885)
カラブリア山の夜	P. Courier	*Œuvres complètes*(1851)
北極のケィン	J. Michelet	『海』(1861)
試験	D. Lacordaire	*Mélanges*(1857)
若きシベリアの子	X. Maistre	『シベリアの少女』(1825)
カマールの奪取	C. Rousset	*La conquête de l'Algérie, 1841-1857* tome.1(1889)
盲目の人の死	H. Balzac	『ウジェニー・グランデ』(1833)
ジャンと手紙	P. Féval	*Église à Lyon*(1882)
学校での息抜き	D. Nisard	*Souvenirs et notes biographiques*(1888)
天使と子供	J. Reboul	*Poésises*(1836)
途方もない使用人	J. Verne	『気球に乗って5週間』(1863)
ロバの回想	C. Ségur	『学問のあるロバの話』(1882)
子供の忠誠	L. Halévy	*L'Abbé Constantin*(1886)
ポンペイ	M. Staël	『コリンナ：美しきイタリアの物語』(1807)
アンリ4世の伝説	F. Soulé	*Musée des familles: Lectures du soir* tome.2(1835)
如何に旅行するか	Comte d'Haussonville	*Le comte de Paris: souvenirs personnels*(1895)
ロシア兵の退役	A. Villemain	*Souvenirs contemporains d'histoire et de littérature* tome.2(1855)
マリーストワール	P. Béranger	*Œuvres complètes* tome.1(1837)
虎と剣闘士の戦い	A. Guiraud	*Œuvres complètes* tome.4(1845)
動物の知性	F. Arago	*Œuvres complètes de François Arago* tome.2(1854)
小川	A. Karr	*Voyage autour de mon jardin*(1851)
大参事	W. Fonvielle	*Histoire de la navigation aérienne*(1907)
ウェルゲリトクス	H. Martin	*Histoire de France*(1833-1836)
最長老	F. Copée	*Poésies de François Copée* tome.1(1876)
踏切番	A. Mun	*Discours*(1888-1904)
祖国愛	E. Lavisse	*À propos de nos écoles*(1895)
冷淡な顔	Dumas père	*Le Maître d'armes*(1840-1841)

牛	P. Loti	『死と憐れみの書』(1909)
落葉	C. Millevoye	*La mort de Rotrou : les embellissements de Paris*(1811)
封筒の百年	É. Faguet	*Le socialisme en 1907*(1907)
割れた窓ガラス	C. Bastiat	*Mélanges d'économie politique* tome.1(1851)
船員	E. Rousse	*Discours et études divers*(1880)
湖の一周	R. Topffer	*Voyage en zigzag*(1811)
ライオンと虎	S. Prudhomme	*Stances et poèmes*(1865)
耕す人	G. Sand	『魔の沼』(1846)
旗	J. Claretie	*Chefs-d'œuvre des prosateurs français au XIXe siècle*(1879)
鍛冶工	A. Perraud	*Œuvres pastorales et cratoires* tome.1(1883)
雌馬	A. Barbier	*Œuvres*(1837)
ラ・マルセイエーズ	R. Lisle	*La Marseillaise : chant national*(1800)
第2部		
オーラス	Corneille	『オーラス』(1640)
ペスト病の動物達	La Fontaine	『寓話』(1668)
町人貴族	Molière	『町人貴族』(1670)
人間の不安	Pascal	『パンセ』(1669)
テュレンヌの死	Sévigné	『セヴィニエ夫人の手紙』(1726)
ギリシャ人	Bossuet	*Discours sur l'Histoire universelle*(1681)
私の庭師	Boileau	『諷刺詩』(1674)
アタリー	J. Racine	『アタリー』(1691) ・『ラシーヌ戯曲全集』所収
粗忽者	La Bruyère	『カラクテール』(1688)
イドメネウス	F. Fénelon	『テレマックの冒険』(1699)
征服と戦いの法	Montesquieu	『法の精神』(1748)
ザイール	Voltaire	『ザイール』(1732)
フランス語の擁護	Voltaire	『ヴォルテール書簡集 1704-1778』(1792)
蠅	L. Buffon	『ビュフォンの博物誌:全自然図譜と進化論の萌芽』(1799-1808)
サン・ピエール島	J. J. Rousseau	『孤独な散歩者の夢想』(1776)
挿話	B. Saint-Pierre	『ポールとヴィルジニー』(1787)
中風患者	C. Florian	*Œuvres complètes* tome.8(1810)
若き捕虜	A. Chénier	*Poésies posthumes et inédits* tome. 1(1833)・『世界名詩集大成4』所収
戦い	F. Chateaubriand	*Les Martyrs*(1826-1827)
ボナパルト	A. Lamartine	*Nouvelles Méditations poétiques*(1820)
グーテンベルグ	A. Lamartine	*Le civilisateur: histoire de l'humanité par les grands hommes*(1852)
ローラン	Alfred de Vigny	*Poèmes*(1822)

意識	V. Hugo	諸世紀の伝説(1859) ・『詩集』所収
危機に瀕した戦い	V. Hugo	『ビュグ・ジャルガル』(1826)
12月の夜	A. Musset	『アルフレツド・ドウ・ミユツセ詩集』(1850)

　前章の付録に掲載した *Cours moyen*（第5版）の紙面と同様に、第1部の19世紀の項目に注目するとバルザック、スタンダール、アナトール・フランスといった現在でも学術研究の対象とされている作家よりも、日本で未だに翻訳及び紹介されていない作家の作品からの抜粋が圧倒的に多い。そしてアカデミーフランセーズの会員以外の作家も掲載されている。

　以降は筆者が *Cours supérieur* を読解した限りにおいて掲載された文学作品からの抜粋項目の傾向を幾つかに分類して解明したい。

　最初にエルクマン・シャトリアンの作品を抜粋した「Première Bataille（初戦）」が如何なる内容なのかを確かめたい。

　　Entre la ville et nous s'étendait un repli de terrain profond. Le maréchal Ney, qui venait d'arriver aussi, voulut savoir avant tout ce qui se trouvait là-dedans. Deux compagnies du 27ᵉ furent déployées en tirailleurs, et les carrés se mirent à marcher au pas ordinaire : les officiers, les sapeurs, les tambours à l'intérieur, les canons dans l'intervalle, et les caissons derrière le dernier rang. Tout le monde se défiait de ce creux, d'autant plus que nous avions vu, la veille, une masse de cavalerie qui ne pouvait pas s'être sauvée jusqu'au bout de la grande plaine que nous découvrions en tout sens. C'était impossible ; aussi je n'ai jamais eu plus de défiance qu'en ce moment : je m'attendais à quelque chose. Malgré cela, de nous voir tous bien en rang, le fusil chargé, notre drapeau sur le front de bataille, nos généraux derrière, pleins de confiance ; de nous voir marcher ainsi sans nous presser et de nous entendre appuyer le pas en masse, cela nous donnait un grand courage. Je me disais en moi-même : "Peut-être qu'en nous voyant ils se sauveront ; ce serait encore ce qui vaudrait le mieux pour eux et pour nous." [...] Nous avions tiré, les quatre carrés ensemble ; on aurait cru que le ciel venait de tomber. A peine la fumée était-elle un peu montée, que nous vîmes les Russes qui repartaient ventre à terre ; mais nos canons tonnaient, et nos boulets allaient plus vite que leurs chevaux. [...] Les Russes sortaient du creux comme le vent pour tomber sur nous. Ils arrivaient tous ensemble ; la terre en tremblait. On n'entendait plus les commandements ; mais le bon sens naturel des soldats français les avertissait qu'il fallait tirer dans le tas, et les feux de file se mirent à rouler comme le bourdonnement des tambours aux grandes revues. Ceux qui n'ont pas entendu cela ne pourront jamais s'en faire une idée. Quelques-uns de ces Russes arrivaient jusque sur nous ; on les voyait se dresser dans la fumée, puis, aussitôt après, on ne voyait plus rien. Au bout de quelques instants, comme on ne faisait plus que charger et tirer, la voix terrible du général Chemineau s'éleva, criant : "Cessez le feu !" On n'osait presque pas obéir ; chacun se dépêchait de lâcher encore un coup ; mais, la fumée s'étant dissipée, on vit cette grande masse de cavaliers qui remontaient de l'autre côté du ravin. Aussitôt on déploya les carrés pour marcher en colonnes. Les tambours battaient la charge, nos canons tonnaient. "En avant ! en avant !......Vive l'Empereur !" Nous descendîmes dans le ravin par-dessus des tas de chevaux et de Russes qui remuaient encore à terre, et nous remontâmes au pas accéléré du côté de Weissenfels. Tous ces cosaques et ces chasseurs, la giberne sur les reins et le dos plié, galopaient devant nous aussi vite qu'ils pouvaient : la bataille était gagnée[214]!

　村と私達の間に、深い土地の起伏が広がっていた。到着したばかりのネイ元帥は何よりもまず、その中にいるのかどうか知る事を望んでいた。第27の2中隊が狙撃兵として展開し、方陣がいつもの歩みで歩き始めた。将校、工兵、真ん中に鼓手、間を置いて大砲、最終列に運搬車。前夜、敵の騎兵の一団が四方に広がっている大平原の端迄行かないうちに消えてしまったのを見ていただけに、皆がその窪地の事を警戒していた。それは有り得なかった。私はその時程、大きな疑惑を抱いた事はなかった。私は何かが起こるだろうと予想していた。それにも関わらず、小銃に弾丸を込めた私達、大隊の前方には旗がひるがえり、自信たっぷりの将軍達が後ろに控え、整然と前進する私達を見ると、このように悠然と前進する私達を見ると、そして揃った足並みを聴くと、大きな勇気が湧いてきた。私は自分自身に言った。「多分、私達を見たら、敵は逃げ出すだろう。それが敵にとっても、私達にとっても最も良い事ではないだろうか。」[...] 味方の4つの方陣が共に発射した。まるで空が落ちて来たかのようだった。私達の大砲の音が鳴り、砲弾はロシア兵の馬よりも早い速度で飛んで行った。[...] ロシア兵が窪地から風のように出てきて、彼らは共にやって来ていた。地面が震えた。もう号令も聞こえなかった。けれども、フランスの兵隊達は、生まれつきの感の良さで、集中射撃をすべきだという事を知った。砲声が査閲の時の太鼓の音のように間断なくとどろき始めた。そうした光景を実際に見た事がない人には、決して考えつかないだろう。ロシア兵の中には私達のすぐ近く迄、進んで来たものがあった。彼らが煙の中で立ち上がるのが見えたが、間もなく何も見えなくなってしまった。しばらくの間、私達は息つく間もなく弾丸を込め、発射し続けていたが、シュミノー将官の恐ろしい声が高まり、「射撃、中止！」という叫び声が聞こえた。命令に服従しようとする者はほとんどいなかった。誰もが急いで、もう1発発射した。しかし煙が消えるとあの騎兵の大集団が窪地の別の斜面を再びのぼって来るのが見えた。間もなく各方陣は展開し、縦隊になって前進した。

---

214 *Cours supérieur*（初版）、pp. 23-28

鼓手が突撃の太鼓を打ち鳴らし、味方の砲声がとどろいた。「前進！前進！万歳、皇帝。」私達はまだ地面で動いている馬とロシア兵の塊の間を通って窪地に降り、それから足を早めてワイセンフェルスの方角へのぼった。弾薬入れを腰に付け、背中を曲げたコザックと猟騎兵が一目散に私達の前方をかけていった。戦いは勝ったのであった[215]。

ロシア軍とフランス軍の地上戦を描写した場面の抜粋である。この抜粋の文章で注目したい点は、フランス軍が勝利したという事である。*Cours supérieur* の初版が刊行された 1910 年当時の日本は、日露戦争に勝利した後であり軍力は先進諸国と肩を並べようとしていた時代であった。

掲載したリストには「初戦」、「伊軍への声明」、「祖国愛」、「ロシア兵の退役」、「危機に瀕した戦い」といった戦争及び博愛主義を標榜するような題名が散見される。

ヴェルニエがミリタリズムを孕んだ内容を抜粋した所以は 2 点あるように思われる。1 点目は 1910 年当時の日本人学生に対して、西洋諸国の戦争や植民地支配の出来事をフランス文学の原文の読解を通して理解させようとしていたからであろう。

2 点目はヴェルニエが生まれ育ち、マリア会の修道士として暮らしていた当時のフランスは普仏戦争の敗北後であった。アルザス出身のヴェルニエは博愛主義の持ち主だったのだろう。ヴェルニエ自身の博愛主義的イデオロギーにより、ミリタリズムを賞賛する内容の文学作品からの抜粋が多かったと考えられる。

次にジュール・ヴェルヌの作品を掲載した「Un domestique impossible（途方もない使用人）」に注目したい。

> [...] Aussi, quand le docteur conçut le projet de traverser l'Afrique par les airs, ce fut pour Joe chose faite ; il n'existait plus d'obstacles ; dès l'instant que le docteur Fergusson avait résolu de partir, il était arrivé avec son fidèle serviteur, car ce brave garçon, sans en avoir jamais parlé, savait bien qu'il serait du voyage...... Avec cette confiance que Joe témoignait au docteur, il ne faut pas s'étonner des incessantes discussions qui s'élevaient entre Hennedy et le digne serviteur [...]
> —Eh bien ! monsieur Hennedy ? disait Joe.
> —Eh bien ! mon garçon ?
> —Voilà le moment qui approche. Il paraît que nous nous embarquons pour la lune.
> —Tu veux dire la terre de la Lune, ce qui n'est pas tout à fait aussi loin ; mais sois tranquille,

---

215 筆者訳

c'est aussi dangereux.

—Dangereux ! avec un homme comme le docteur Fergusson !

—Je ne voudrais pas t'enlever tes illusions, mons cher Joe ; mais ce qu'il entreprend là est tout bonnement le fait d'un insensé : il ne partira pas.

—Il ne partira pas ! Vous n'avez donc pas vu son ballon à l'atelier de M M. Mittchel, dans le Borough.

—Je me garderais bien de l'aller voir.

—Vous perdez là un beau spectacle, Monsieur ! Quelle belle chose ! quelle jolie coupe ! quelle charmante nacelle ! Comme nous serons à notre aise là dedans !

—Tu comptes donc sérieusement accompagner ton maître ?

—Moi, répliqua Joe avec conviction, mais je l'accompagnerai où il voudra ! [...] Et qui le soutiendrait donc quand il serait fatigué ? qui lui tendrait une main vigoureuse pour sauter un précipice ? qui le soignerait s'il tombait malade ? Non, monsieur Dick, Joe sera toujours à son poste auprès du docteur, que dis-je, autour du docteur Fergusson[216].

[...] 従って、博士がアフリカを気球で横断しようと考えた時、ジョーにとっては適している出来事だった。もう障害は存在していなかった。ファーガソン博士が出発しようと決めた時、それは彼の忠実な奉仕者は到着していたのだった。というのは何も言われなくても、この好青年には自分が旅行するだろうというのが分かっていた。ジョーが博士に示している信頼の為に、ヘネディと立派な召使いにおける絶え間ない議論では、驚く必要がなかった。[...]

「ああ、ヘネディさん？」とジョーが言った。

「やあ、君？」

「はい、その時が近づいてきましたね。私達が月に向かって乗船するらしいですね。」

「君は月の土地を言いたいのだね。それはそんなに遠くはないよ。でも心を静めなさい。やはりとても危険だ。」

「危険ですか！ファーガソン博士のような人と一緒なのに。」

「私は君に君の幻影を消したくはない。ジョーよ。一体、彼が着手する事は本当に常軌を逸した出来事だ。」

「それは出発しないのですか！あなたは即ち、ボルーでミッチェルの作業場での風船を見ていなかったのです。」

「私はまさしく、見に行かないように気をつけているのだろうね。」

「あなたは素晴らしい眺めを見落とす事になります。何と見事な物でしょう！何と素敵なカップでしょう！何と魅力的なゴンドラでしょう！実に私達は内部で、気楽

---

216 *Cours supérieur* （初版）、pp. 121-123

にいられるでしょう！」

「つまり君は、先生と真剣に同行しようと思っているのかな？」

「私は。」とジョーは確信を持って言い返した。「彼が望むなら私は同行するでしょう。[...] 彼が疲れるであろう時に一体、誰が彼を支えるのでしょうか？誰が素早く動く為に、力強い手を彼に差し出すのでしょうか？彼が病気になったら、誰が彼に手当てをするのでしょうか？いえ、ディックさん。ジョーは常に博士の傍らに、自分の持ち場に、ファーガソン博士の周りにいるでしょう。」と私は言った[217]。

気球に乗って、博士と使用人がアフリカを旅行する前に、ヘネディとの会話を描写した場面を抜粋している。抜粋された文中には「月に向かって乗船する」というセンテンスが含有されている。日本では近代以降、フランス文学の受容は、前節で提示した通り、SF小説のジュール・ヴェルヌの翻訳から始まった。しかし、ジュール・ヴェルヌのフランス語の原文を学生が読解する機会は極めて少なかった事が予測される。明治時代に人気のあったジュール・ヴェルヌの小説の流行をヴェルニエは、逆手に取って *Cours supérieur* に原文を掲載したのであった。

ジュール・ヴェルヌの小説はSF作品であるが、*Cours supérieur* の紙面に掲載された「海底の生命」、「北極のケィン」、「ポンペイ」、「如何に旅行するか」、「船員」等の項目は、いずれも日本以外のヨーロッパや東洋を舞台にしている。ヴェルニエのもう1つの思惑は海外渡航が困難を極めていた日本人学生に対して、世界各地の風景を把握させようとしていた、と解釈する事は無謀ではないだろう。

Cours supérieur の第1部には「ミリタリズムの賞賛」、「旅行や冒険記」等の傾向を見出す事が出来た。

本節の最後では、第3章5節の「マリア会の教育理念と *Cours élémentaire, Cours moyen* との関連性」の考察で解明出来なかった「道徳的円熟」を、*Cours supérieur* の紙面で検討したい。筆者はカトリック系作家・ラムネの「Aidez-vous les uns les autres（貴方は他者を救う）」に注目した。

> Un homme voyageait dans la montagne, et il arriva en un lieu où un gros rocher, ayant roulé sur le chemin, le remplissait tout entier, et hors du chemin il n'y avait point d'autre issue, ni à gauche ni à droite. Or, cet homme, voyant qu'il ne pouvait continuer son voyage à cause du rocher, essaya de le mouvoir pour se faire un passage, et il se fatigua beaucoup à ce travail, et tous ses efforts furent vains. Ce que voyant, il s'assit plein de tristesse et dit : "Que sera-ce de moi lorsque la nuit viendra et me surprendra dans cette solitude, sans

---

[217] 筆者訳

nourriture, sans abri, sans aucune défense, à l'heure où les bêtes féroces sortent pour chercher leur proie ?" Et comme il était absorbé dans cette pensée, un autre voyageur survint, et celui-ci, ayant fait ce qu'avait fait le premier et s'étant trouvé aussi impuissant à remuer le rocher, s'assit en silence et baissa la tête. Et, après celui-ci, il en vint plusieurs autres, et aucun ne put mouvoir le rocher, et leur crainte à tous était grande. Enfin l'un d'eux dit aux autres : "Mes frères, prions notre Père qui est dans les cieux : peut-être qu'il aura pitié de nous dans cette détresse." Et cette parole fut écoutée, et ils prièrent de cœur le Père qui est dans les cieux. Et quand ils eurent prié, celui qui avait dit : "Prions," dit encore : "Mes frères, ce qu'aucun de nous n'a pu faire seul, qui sait si nous ne le ferons pas tous ensemble ?" Et ils se levèrent, et tous ensemble ils poussèrent le rocher et le rocher céda, et ils poursuivirent leur route en paix. Le voyageur c'est l'homme, le voyage c'est la vie, le rocher ce sont les misères qu'il rencontre à chaque pas sur sa route. Aucun homme ne saurait soulever seul ce rocher : mais Dieu en a mesuré le poids de manière qu'il n'arrête jamais ceux qui voyagent ensemble[218].

　１人の男性が山の中を旅行していた。彼は大きな岩が道に転がり、全く道を塞いでしまっている場所に到達した。道の外には右にも左にも他の出口がなかった。さて、この男はその石の為、旅行を続ける事が出来ないので、通路を作ろうとしてその岩を動かそうとした。しかし彼はその仕事の為に疲れ果て、如何に努力をしても無益であった。この事を考慮しながら、彼は悲しみに溢れ、腰を下して言った。「夜が来て、獰猛な獣が獲物を求めて出て来たら、この食物もなく、隠れ家もなく、ただ１人でいる私を襲ったら、何も防ぐ物もなく一体、私はどうなるのだろうか？」彼がこのような考えに心を奪われていた時、１人の旅人が不意に来た。この男は第１の男が行った事をしながら、岩を取り外せない事が分かると黙って座り、頭を垂れた。彼の後にも、多くの旅人が来た。しかし何人もその岩を動かす事が出来なかった。そして彼らの心配は大きくなるばかりであった。最後にその中の１人が他の者に言った。「兄弟達、天にいる私達の父に祈ろう。恐らく彼はこの困窮している私達を気の毒に思うだろう。」この言葉を聞かされると、彼らは天にいる父に心から祈った。彼らが祈った時、更に「祈ろう」と言っていた男は「兄弟達、私達の誰もがただ１人ではなし得ないものでも、もし私達が力を合わせたならば、それが出来ないとは誰が知るだろう？」彼らは立ち上がり、力を合わせてその岩を押した。岩は道を開け、彼らは平和にその道を続けた。旅人、それは人間であり、旅行、それは人生である。岩、それは人間が彼の道を行く時に一足ごとに出会う悲惨である。誰しも、１人ではその岩を取り除く事が出来ないであろう。しかし神は、共に旅行

---

218 *Cours supérieur*（初版）、pp. 65-66

する人々の足を決して止める事のないようにその石を計っていた[219]。

男性が山を歩こうとすると、道を塞ぐ岩に遭遇し、他の旅人と共に神に祈りを捧げた後に、互いに協力して岩を見事に脇へ寄せるというストーリーである。
　次に『日本マリア会学校教育綱領』から「道徳的円熟」の概要を確かめたい。

> 人間が地上に生存しているのは、その間に具現すべきなんらかの使命を帯びているからであって、その使命は神によって立てられた自然あるいは、道徳的秩序を全うすることのなかに実現される[220]。

上記に記載されている「具現すべきなんらかの使命」とは、「Aidez-vous les uns les autres（貴方は他者を救う）」において、岩を動かそうとする描写である。そして「使命は神によって立てられた自然あるいは、道徳的秩序を全うする」とは、神に祈りを捧げて、皆で協力して岩を動かす事に成功する描写に他ならない。
　Cours supérieur は 1956 年の第 7 版を最後にして、刊行を中止した。しかし暁星学園は開学以来、現在も道徳の代わりに宗教を科目として設置している。「道徳的円熟」の概念は、*Cours supérieur* がフランス語の授業で使用されていた時は、宗教科目と併せて、道徳の意義について原文の読解を通して理解させようとしたのだろう。同時に *Cours supérieur* が使用されていた当時の旧制高校や帝国大学では、マリア会の教育理念を浸透させようとしていたと解釈する事が出来る。
　次節では *Cours supérieur* の紙面に記載された各世紀の文学史の解説についての分析を試みる。

219　筆者訳
220　『日本マリア会学校教育綱領』、p. 98

3節　*Cours supérieur* の書誌内容と東京大学文学部仏文学研究室で実施された仏文学講義との関連性.

本節では *Cours supérieur* の紙面にヴェルニエが執筆した17世紀以降から19世紀迄のフランス文学を概説した内容について論究する。論究するに際し、同じ時期にマリア会修道士であり、暁星学園のフランス語教師として勤務しながら東京大学文学部仏文学研究室の創設に携わり、長らく主任教授の職を担当していたエミール・ヘック[221]が東京大学の仏文学研究室で行ったフランス文学史の講義内容と *Cours supérieur* の共通項を見出す事を狙いとする。

研究室開設期の東京大学文学部仏文学研究室で行われた講義資料は極めて少ない。しかしながら仏文学研究室の講義を受講していた太宰施門が1917年に刊行した『佛蘭西文學史』の冒頭ではエミール自身が、中世から19世紀後半にかけてのフランス文学史に関する私論を展開している。従って田中琢三も指摘しているように『佛蘭西文學史』は、太宰施門が著者であるもののエミールが行った講義の影響が強く反映されている書物とみなす事が出来る[222]。本節では *Cours supérieur* と『佛蘭西文學史』の紙面を比較考察する事により、関連性を見出したい。

最初に *Cours supérieur* の紙面に掲載された17世紀の項目が如何なる内容であったのかを確認する。

> Le dix-septième siècle
>
> Avec le dix-septième siècle commença l'œuvre de la réforme rationnelle de la langue française. Le premier qui entreprit cette tâche fut le poète Malherbe. Il retrancha de la langue tous les mots mal formés, hâtivement introduits pendant les siècles précédents. Seulement son trop vif désir d'ennoblir la langue et de la rendre plus claire, lui fit retrancher une quantité de termes que Fénelon et La Bruyère, au dix-septième siècle, et quelques bons écrivains contemporains, regretteront ou même essayeront de ressusciter. D'autres influences agirent également à cette époque sur la langue française. Ce furent : *l'Hôtel de Rambouillet, l'Académie française et Port-Royal*. Pendant plus de vingt ans, à partir de 1608, des femmes de grande distinction et les principaux personnages de la Cour se réunissent chez la marquise

---

221　以降、エミール・ヘック又はエミールと記載する。
222　田中琢三「ポール・ブールジェ『死』と二つの世界大戦—戦時下の日本における仏文学受容の一側面—」、『比較日本学教育研究センター研究年報』〔御茶の水女子大学比較日本学研究センター〕、第7号、2011年3月、pp. 294-296

de Rambouillet pour un travail dépuration de la langue. Ils en bannirent les expressions triviales et le jargon qu'ils remplacèrent par des tours polis et des figures heureuses, donnant ainsi à langue française son caractère aristocratique. D'autres réunions, composées exclusivement d'hommes de lettres, se faisaient à la même époque chez un nommé Conrart. Les écrivains qui y prenaient part se communiquaient leurs écrits et les réflexions qu'ils inspiraient. Le ministre Richelieu, ayant eu connaissance de ces réunions, conçut le dessein d'organiser cette société en une académie régulière. La fondation eut lieu en 1635 et prit le nom *d'Académie française*. Le but de l'Académie était de fixer la langue, de surveiller l'introduction des mots nouveaux, et de composer une grammaire et un dictionnaire. Enfin quelques érudits qui vivaient dans la solitude à Port-Royal ancienne abbaye située près de Versailles composèrent de savants travaux qui rendirent aussi aux lettres de signalés services. Sous cette triple influence, des hommes d'un génie remarquable fixèrent la langue française dans d'impérissables chefs-d'œuvre. Corneille, dans la poésie dramatique, et un solitaire de Port-Royal, Pascal, dans la prose, peuvent être considérés comme les créateurs de la langue moderne. Ils furent suivis d'autres génies qui illustrèrent les lettres françaises sous la haute protection de Louis XIV. Imitateurs intelligents de l'antiquité, ils produisirent une série de chefs-d'œuvre qui purent servir de modèles aux générations suivantes. Aussi leur a-t-on donné le nom *d'auteurs classiques*. On trouvera dans les pages suivantes une courte notice sur les principaux d'entre eux, avec un extrait d'une de leurs œuvres[223].

17世紀
17世紀と共にフランス語の合理的な改革運動が始まりました。この仕事に取り掛かった最初の人物は詩人のマレルブでした。彼は前世紀の間、早急に導入されたすべての不完全に成長した言葉、言語を削除しました。単に言語を気高くし、そしてそれ（言語）をより明晰に表現したいという強烈過ぎる欲望は、17世紀にフェヌロンとラ・ブリュイエールの表現の多くを奪わせました。そして同時代の幾名の有能な作家達は遺憾に思い、あるいはまさに蘇らせようと努めるのでしょう。他の幾名の有力者はその時代にフランス語について、同じく行動しました。それは、ランブイエ邸宅、アカデミーフランセーズ、そしてポール・ロワイヤルでした。1608年から20歳以上の宮廷の主要人物と上流の要職の女性達は、言語の浄化性の仕事の為、ランブイエの侯爵夫人の家に集まりました。彼らはこのように洗練された特徴のフランス語に付与している礼儀正しい表現と優れた文彩に代わり、下卑た表現と変な言葉を廃止しました。他の幾つかの文人から構成された集会はコンラールという名の家で同じ時代に出来上がっていました。それに参加していた作家達は彼らの著作

---

223 *Cours supérieur*（初版）、pp. 216-217

と彼らが示唆していた意見をお互いに話し合っていました。これらの集会の理解力を手に入れているリシュリュー司祭は規律正しい学士院としてこの会を設立する構想概念を手に入れました。創設は 1635 年に行われ、アカデミーフランセーズという名前を得ました。アカデミーの目的は言語を定め、新しい言葉の導入に気を配り、そして文法と辞書を作る特徴を持っていました。とうとうヴェルサイユの近くに位置し、古くからある大修道院ポール・ロワイヤルで孤独に暮らしていた数名の学識豊かな人物達は、目覚ましい仕事で出来た書簡体の作品もまた表現する巧妙な業績を作りました。この三重の影響下で素晴らしい天才は、代表作の中にフランス語を定着させました。悲劇的な詩風であり、ポール・ロワイヤルの隠者であるコルネイユ、散文のパスカルは現代語の創始者と見なされる事が出来ます。彼ら（創始者）はルイ 14 世の高尚な庇護の下に入ったフランス文学を高名にした他の天才達を従わせました。古い時代の知的な模倣者は次の世代の見本として役立つ事の出来た著作の一続きを創作しました。従って古典主義作家という名前を彼らに付与しました。次のページでは彼らの著作の 1 つの抜粋と共に彼らの中で主な短い紹介記事を見つけるでしょう[224]。

上述の内容に基づけば、17 世紀の作家についての言及は控えめであり、アカデミーフランセーズの創設により 17 世紀のフランス語が現代に通じる言語に大きな役割を果たした点が強調されている。文末には古典主義作家と呼ばれるコルネイユやパスカルがフランス語で書いた作品が、後世の作家に影響を与えた事が記載されている。

次に『佛蘭西文學史』の序文でエミールが執筆した 17 世紀のフランス文学の見解を確かめたい。

 この時代に一群の大作家は、詩の方面でも散文の方面でも、佛蘭西文學の栄光を最高の地位に昂め全欧洲にその精神を敷き及ぼして、これを驚嘆させ恍惚たらしめたのであります。古代の作家の手に成つた美しい作品を心から嘆賞し、併し前時代の文學者よりも深くこれを理解して、またその天才で全く同列の地位に登り、明敏に、また獨創的に、その時代とその國に生きた人として、即ち基督教徒として、佛蘭西人として、彼らは太古の傑作を模倣する事が出来たのであります。コルネイユやデカルト、パスカルやボシュエ、ラシィヌやモリェルやラ・フォンテェヌ、フェヌロンやラ・ロシュウコォやラ・ブリュイエル、これらの大文學者は、近代の茎に巧みに接ぎ木せられた太古の果樹の上に美しい實を結んだと言つて宜い第一

---

[224] 筆者訳

流の作品を綴つて、永遠に佛蘭西並びに全世界の嘆賞と謝意を要求して居ります[225]。

エミールは、アカデミーフランセーズの創設に関しては、言及していない。言及している点は、17世紀の古典主義作家が古典、即ちギリシャ・ラテン文学を古典主義流に昇華させた事を礼賛している事である。それらの名作家としてコルネイユ等、10名の作家の名前を掲げている事が確認出来る。

本章の2節では *Cours supérieur* に掲載された17世紀の作品を執筆した作家名と作品をリスト化したが、コルネイユ、ラ・フォンテーヌ、モリエール、パスカル、ボシェ、ボワロー、ラシーヌ、ラ・ブリュイエール、フェヌロンの9名であり、殆どの作家はエミールが『佛蘭西文學史』の序文で礼賛した作家名と同一である。エミールは言及していないが、『佛蘭西文學史』の本文で太宰施門は、マレルブとランブイエによるフランス語の改革運動と17世紀にアカデミーフランセーズが創設された事の重要性を詳しく書き記している[226]。

次に18世紀の項目を比較検証したい。

    Le dix-huitième siècle

Le règne de Louis XIV, si radieux pendant de longues années, dégénéra rapidement vers la fin du dix-septième siècle. Le déclin des lettres françaises coïncida pour ainsi dire avec celui du grand règne. Pendant le siècle qui suivit la poésie tomba tristement. Voltaire lui-même ne cessait d'en gémir dans ses lettres : "N'espérez pas de rétablir le bon goût, écrivait-il, nous sommes en tout dans le temps de la plus horrible décadence. Ah ! quel siècle ! quel siècle ! Est-il possible qu'on soit tombé si vite du siècle de Louis XIV dans le siècle des Ostrogoths ? Jamais la raison n'eut plus d'esprit et jamais il n'y eut moins de grands talents." La prose se soutint mieux, mais elle changea d'allure : d'oratoire qu'elle avait été au siècle précédent, elle devint vive, dégagée et familière, très propre au style de la conversation. L'étude des sciences, poussée avec ardeur, nécessita la création d'une langue particulière où fourmillaient les néologismes. La Révolution, qui jeta une ombre si triste sur la fin de siècle, créa une foule de mots nouveaux dont la plupart disparurent avec les idées et les institutions qui les avaient fait naître. Ce siècle fut pauvre en grands écrivains. Quelques-uns eurent du talent et même du génie, mais ils dépensèrent trop souvent leurs forces au service de la mauvaise cause. L'habitude du sophisme mène à la déclamation. Le style limpide du dix-septième siècle ne se trouva plus guère que sous la plume de Voltaire. Point de chefs-d'œuvre

---

225 太宰施門『佛蘭西文學史』玄黄社、1917年、pp. 5-6　下線の強調は筆者によるものである。以降、書名とページ番号のみを記載する。

226 『佛蘭西文學史』、pp. 79-84

comparables à ceux du siècle précédent. Les œuvres de Voltaire elles-mêmes n'ont été classées qu'au second rang. Le français doit cependant au dix-huitième siècle plus d'une réforme pratique tendant à la simplification de la langue. L'orthographe, par la suppression d'un grand nombre de lettres inutiles, prend une forme plus naturelle que chez les écrivains classiques. Chose curieuse, ce fut pendant ce siècle que les chefs-d'œuvre français furent le plus étudiés dans les pays voisins. Plusieurs écrivains étrangers finirent même par préférer le français à leur langue nationale et s'en servirent dans leurs ouvrages. Le roi de Prusse, Frédéric Ⅱ, parlait et écrivait habituellement en français[227].

18世紀
長い年月の間、本当に輝くばかりのルイ14世の統治は17世紀の終わり頃、すぐに衰えました。フランス文学の衰退は、大統治の衰退をこのように物語るのと一致しました。次に来る1世紀の間、詩句は残念ながら衰えました。ヴォルテール自身、彼の書簡の中で嘆き悲しみ続けて、「的確なセンスを復活出来ると思わないで下さい。私達は、あらゆる点において最も凄まじい退廃の時期にいます。ああ！何という時代でしょう！何という時代でしょう！不作法者の時代にはルイ14世の時代から非常にすばやく、滅亡したのかもしれないのではないでしょうか？決して理性は精神をもう有さず、そしてそこ（精神）にはより少ない偉大な才能が決してありませんでした。」と書き綴っていました。散文作品はより良く維持されましたが、しかしそれ（散文作品）は品位を、先の時代に存在しました雄弁を変えました。それ（散文作品）は生き生きと伸び伸びと、そして非常に廉潔に気取りなく会話の話法を生成しました。熱情を伴った入念な知識の検討は、新奇をてらった表現が沢山あった独特の言語の創作を要しました。世紀末にとても悲しげな影を投げた（フランス）革命を生じさせようとしていた体制と思想は消え失せ、大多数の新語の群れを創造しました。この世紀は大作家に乏しいものでした。幾人かは天才と同一の才能をもっていましたけれども、彼らは危ない利益に役立つ能力によく費やし過ぎていました。詭弁の習慣は朗読へ導きました。17世紀の澄みきった文体はヴォルテールの作風の観点からは、もはやほとんど見出せませんでした。比較し得る代表作の状況は、時代に先行しています。ヴォルテールの著作自体、2流にしか位置づけられていなかったのでした。フランス語はそれにも関わらず、18世紀に言語の単純化の傾向でもより多くの実践的な改善をする義務があります。大多数の駄目な文字による正書法は、古典作家達の時代より自然な形式を選びました。関心を引く出来事は、この時代にフランス文学の代表作を近隣諸国で最も研究されていた事です。何人もの外国の作家達は、最後には自国の言語よりも他ならぬフランス語をむしろ選び、

---

227 *Cours supérieur*（初版）、pp. 270-271

彼らの著作物にはそれを利用しました。プルス王、フレデリックⅡ世は普段、フランス語で話し、書いていました[228]。

18世紀の項目には同時代の作家名にヴォルテールのみが表記されるにとどまり、ヴォルテールを含め18世紀のフランスの作家達を酷評している事が確認出来る。1910年の時点で、日本国内で刊行された書物の本文に、18世紀のフランスにおける正書法、文体と会話が他国の作家達に影響を及ぼしている事を指摘している点は特筆すべき出来事である。『佛蘭西文學史』の序文でエミールが著者の太宰に向けて執筆した18世紀のフランス文学の項目には、どのような内容が記載されていたのだろうか。

> この世紀は「哲學者の世紀」と言はれて居て、一般の文明史上から見れば無論重要な役目を演じて居りますが、その文學的價直、藝術的價直、また特に哲學的價直に於いて、遺憾ながら餘程貧弱な時代であります。この時期の文學者は盛んに論争に務め、多くの思想を呼號し、極めて重大な行動なり事實なりを準備し、佛蘭西全國に不吉な、革命的な多くの萌芽を蒔き散らして居ります。併しその作品は十七世紀の作物の美と完成と道徳的な價直と餘程距離のあるものであり、且つモンテスキゥとビュッフォンを除けば、殆ど總ての十八世紀の文學者、殊にその最も偉大な二作家と言はれて居るヴォルテルとジャン・ジャック・ルソーとがかなり醜悪な人物であった事を認めねばなりません。その影響は佛蘭西ででも外國ででも著しかつたのですが、遺憾ながら總ての方面に好結果を齎して居ないのであります[229]。

Cours supérieur の著作兼編集者であるヴェルニエ以上に、エミールはフランス革命を勃発させる元凶の1つとなった18世紀フランス文学と作家達を酷評している。何故ならばエミールが所属していたマリア会は、フランス革命以降の国民の貧困やキリスト教の存在意義を刷新する為に創設された修道会である。上記の文面ではエミールの私見と偏見が含有されている。

しかしながら同じマリア会出身のヴェルニエは18世紀のフランス文学と作家達をエミール同様に酷評しながらも、教科書という出版物ゆえに公平を期する事を目的としていた。従って紙面上では作家に関してヴォルテールの批評に留めて、代わりにフランス語の言語の変化と文学史の傾向について解説を行っていた。

次にフランス革命後の19世紀の項目を比較検討したい。

---

228 筆者訳

229 『佛蘭西文學史』、pp. 6-7

Le dix-neuvième siècle

Au début du dix-neuvième siècle, la littérature française était dans une complète décadence. Les écrivains du dix-neuvième siècle avaient été incapables de garder le trésor légué par leurs devanciers. De plus, la Révolution, en bouleversant les conditions sociales, avait lâché la bride au langage populaire qui avait peu à peu envahi la tribune, les journaux et même la Cour de Napoléon. Mais la Restauration vit paraître un grand nombre de poètes et de prosateurs qui tentèrent de rajeunir la langue. Les auteurs du dix-septième siècle avaient surtout imité les anciens, ceux de cette époque préconisèrent l'imitation du moyen âge, ce qui leur valut le nom de romantiques. Le mouvement romantique, commencé par Chateaubriand et Mme de Staël, atteignit tout son éclat autour de 1830, alors qu'il était conduit par l'homme de génie que fut Victor Hugo. Les romantiques ont donné des œuvres originales sous plus d'un rapport et qui renferment de réelles beautés ; mais aucune d'elles ne peut soutenir la comparaison avec les grands chefs-d'œuvre des classiques. [...] Dans la seconde moitié du dix-neuvième siècle, l'engouement pour le romantisme se refroidit considérablement, et le classicisme, sans retrouver son ancienne faveur, fut remis en bonne place. Pendant le dix-neuvième siècle, l'instruction se repandit rapidement parmi le peuple. D'innombrables périodiques, revues et journaux, pénétrèrent jusqu'aux campagnes les plus reculées. Les écrivains, pressés par une clientèle de plus en plus avide d'instruction, se virent obligés de produire à la hâte. La qualité en souffrit. D'un autre côté les progrès incessants des sciences ouvrirent la porte aux néologismes[230].

19世紀初頭、フランス文学は徹底的な衰退にありました。19世紀の作家達は彼らの祖先によって受け継がれた宝典を守る事が出来なかったのでありました。更に社会状況を激変させている（フランス）革命は、演壇、新聞そしてナポレオン王宮迄にもはびこっていった庶民の言葉を自由にさせていたのでした。ところで王政復古は、大多数の詩人と言語を刷新しようと試みた散文作家が現れるのを認めました。17世紀の著作は、とりわけ古代作家を手本にしていたものだったのです。その時代のそれら（古代作家）は、ロマン主義という名に相当した中世の模倣を推奨していました。天才ヴィクトル・ユゴーが仕向け、スタール夫人とシャトー・ブリアンによって始められたロマン主義の運動は、1830年近辺の全体の輝きを手中にしました。ロマン主義は、確かな魅力を含むより多くの寄せ集めの作用を受けてオリジナルの作品を作り出させていました。けれどもそれら（確かな魅力）は、古典主義時代の主要な傑作を用いても対比を持続させる事は出来ません。[...] 19世紀のおおよ

---

230 *Cours supérieur*（初版）、pp. 316-317

そ第 2 期には、ロマン主義への熱狂は相当に冷え込み、そしてかつての人気を(ロマン主義が)見出した結果、古典主義は最良の位置にいました。19 世紀の間、教育は人々の間で急速に広まっていきました。雑誌や新聞等の数えきれない定期刊行物は、最も人里離れた田舎迄、行き渡りました。次第に教育に渇望した依頼人(支持者)によって急いだ作家達は、大急ぎで創作しなければなりませんでした。品質には苦心しました。一方で科学の絶え間ない進歩は、新語への扉が開かれました[231]。

19 世紀の項目では、18 世紀末からの影響で世紀の初頭の文学が衰退していた事を言及している。そしてヴィクトル・ユゴーから始まったロマン主義がシャトー・ブリアンとスタール夫人によって、19 世紀前半の代表的な傾向である事を指摘しているがその反面、19 世紀中期から後期にかけての写実主義、自然主義等については一切言及していない事は不可思議である。ヴェルニエの上記の文章に対して、エミールは『佛蘭西文學史』の序文で 19 世紀について、如何なる見解を示していたのだろうか。

> 十九世紀は疑ふ餘地無く十八世紀よりも卓れて居ります。これは十七世紀と同じく反動の時代、改革の時代でありまして、多分後世の尊重と嘆賞の中に餘程高い地位を占める事と思はれます。この世紀の前半期の作家の中で、偉大な浪漫作家、シャトォブリヤン、ラマルティヌ、ヴィクトル・ユゴォ、アルフレッド・ド・ミュッセ等はもう王座の位置に登つて居て、今後その作物の一部は確かに古典的として尊ばれようとして居ります。十九世紀の後半期の作家、殊に現代の作家に就いては、今その眞の價値を論議するのは至つて困難であります。彼等は我我と餘りに接近して居ます。併し佛蘭西が千八百五十年以來、極めて廣い範圍に亘つて多數の卓れた才能の作家を産出し、小説、歷史、批評、哲學、劇曲、詩の各樣式を賑はせて居ることは更に疑ひを容れません。(中略)また、十九世紀の後半に佛蘭西で生じた極めて幸福な、また非常に意味の深い「寫實主義」と「自然主義」の極端に對する反動をさへ注意して、記述して居られます。偉大な價値を具へて居る作家、例へばポォル・ブゥルジェ、モォリス・バレス、ルネ・バザン、アンリ・ボルドォ、シャルル・ペギィ等の人は佛蘭西の最も卓れた傳統を感得して、力強い一撃を揮ひ、佛蘭西文學を理想主義的な、社會的な、道德的な、そして宗教的な路に進ませて居ります[232]。

エミールが『佛蘭西文學史』の著者である太宰施門に充てた序文の 19 世紀か

---

231 筆者訳
232 『佛蘭西文學史』、pp. 7-9

ら20世紀初頭迄の見解からロマン主義については、ヴェルニエが *Cours supérieur* で記述した内容と同一で19世紀の中で最重要視している事が伺える。そしてエミールが挙げたロマン主義の具体的な作家名は、本章の2節に掲載した *Cours supérieur* のリストに全員が掲載されている。

　ヴェルニエが *Cours supérieur* の19世紀の項目で、写実主義と自然主義の作品の掲載が少なかった事情は、フロベールが『ボヴァリー夫人』で、スタンダールが『赤と黒』で男女の不倫を描き、ゾラが『ローマ』でカトリシズム批判の描写を行っていた為、カトリック系修道士の立場から上記の作品の掲載を見送ったのだろう。代わりに19世紀後半に出現した象徴主義運動の作家の1人であるフランソワ・コペの作品を抜粋により掲載していた。

　つまりヴェルニエは *Cours supérieur* が暁星学園だけではなく、当時の旧制高校や旧制帝国大学で使用されていた教科書という書物の特質上、写実主義と自然主義に対しての私見を叙述する事を回避させ、代わりに19世紀中期以降のフランスにおける教育や新聞の普及についての言及に置き換える手法を用いた。そしてエミールはカトリック系作家であるルネ・バザンが文学史上で、重要な作家である事を記述していた。

　マリア会の本部が刊行した世界各国の動向を纏めた年次報告書である *L'apôtre de Marie* を閲読した限りにおいて、1904年から1905年の合冊号には、ジョゼフ・ヴェルニエが執筆した"Bulletin des œuvres de la Société de Marie au Japon"と題した報告内容が掲載されている。報告内容には1904年頃の日本のフランス語教育に関して、次のように記述されていた。

> A Tokyo, deux autres sont professeurs à l'Université : le premier enseigne le latin à 15 élèves, et la littérature à 9 élèves ; le second, la langue française à plus de 250 élèves. [...] Seul le professeur de littérature peut agir d'une manière plus active et répandre plus directement des idées chrétiennes[233].

> 東京では、大学で他に2名が教師をしています。前者は15名の生徒達にラテン語と9名の生徒達に文学を、後者は250名以上の生徒達にフランス語を教えています。[...] 文学の教師だけはより積極的な方法で行動し、キリスト教の思想を直接的に普及させる事が出来ています[234]。

---

233 Joseph Vernier, « Bulletin des œuvres de la Société de Marie au Japon », *L'Apôtre de Marie*, 1904-1905, p. 288

234　筆者訳

当時の東京大学文学部仏文学研究室でエミールが行った授業の実態の一部を把握出来る貴重な証言である。そしてキリスト教思想を普及させる、と記載している事に注目したい。
　Cours supérieur の第2部の「町人貴族」のように各項目の題名を作品名から引用している事に相反して、第1部・19世紀の項目では作家の作品を抜粋する際に、ヴェルニエ自身が各項目の題名を付与している。この行為は *Cours supérieur* でルネ・バザン、ザビエ・ド・メストル、フェリシテ・ド・ラムネといったカトリック系作家の原文を掲載しても、文末に作品名を掲載させない事で当時の文部省の検閲を免れ、暁星以外の旧制高校や旧制帝国大学の学生達にキリスト教の思想を流布させようという思惑がはっきりと伺える。
　1921年にエミールは東京大学を退官した。その後、辰野隆が研究室主任となり、1926年に創刊された『佛蘭西文學研究』の紙面に掲載された研究論文には、プルーストやヴァレリー等の20世紀の文学、写実主義や自然主義文学、そして18世紀の文学が取り上げられるようになり、エミールが主任教授を務めていた頃とは学生達の研究対象も多様化し始めてきた。
　しかしながら、エミールとヴェルニエのフランス文学に関する視座は、1940年代迄引き継がれていた。太宰施門は『佛蘭西文學史』を執筆後、現在の京都大学文学部フランス語フランス文学講座が設置された際、初代主任教官として1925年から1949年迄、長らくフランス文学の講義と研究指導を行っていた。
　『京都大學文學部五十年史』には、講座開設期から1949年迄に太宰が指導した学生の卒業論文の傾向が記されている。傾向はエミールと似通っており、太宰が主任教官だった時は18世紀が極端に少なく、17世紀の作品と19世紀からはロマン主義の作品を卒業論文として取り上げる学生が多かった[235]。
　本節の分析結果から、エミールの受講生である太宰施門が執筆した『佛蘭西文學史』の紙面を媒介として検証すると、*Cours supérieur* の紙面を手がけたヴェルニエと、東京大学文学部仏文学研究室で初代主任教官としてフランス文学講義を行っていたエミールはフランス文学に関して同じ視座の持ち主であった事が判明した。
　そしてヴェルニエとエミールのフランス文学に関する視座は、エミールの門下生である太宰施門によって京都大学文学部フランス語学フランス文学講座が開講する講義と論文指導を通して、太宰が退官する1949年迄、継承されていたのであった。

---

235 京都大學文學部『京都大學文學部五十年史』京都大學文學部編、1956年、pp. 239-242

終章　本書の総括.

　本研究の分析に関して総括する。第1章では19世紀のフランス国内の国語教育、マリア会の国語教育を中心に分析を行った。

　第2章、及び第3章ではマリア会の日本での宣教と1888年に開学した暁星学園のフランス語教育の変遷、及び1895年に既に国内で出版されていた英語教科書を模倣して作成された日本初の横書き式フランス語文法教科書とジョゼフ・ヴェルニエが著作兼編集者となり刊行し始めたフランス語講読教科書「*Choix de lectures françaises* シリーズ」の刊行開始の状況と紙面分析を行った。

　第4章では明治時代におけるフランス文学作品受容の解明、ヴェルニエの編集による文学作品の抜粋だけを掲載した上級用講読教科書である *Cours supérieur* の紙面に掲載された文学作品の抜粋項目における傾向、及び *Cours supérieur* に掲載された文学史の解説と東京大学文学部仏文学研究室における文学史講義との関連性について分析を行った。

　最後に暁星学園のフランス語教育の中で特に大きな功績を2点程、挙げたい。

　1点目は暁星学園名義で、日本で初めて横書き式フランス語文法教科書を出版した事と、ジョゼフ・ヴェルニエがフランス語講読教科書「*Choix de lectures françaises* シリーズ」を刊行した事である。

　特に講読教科書でジョゼフ・ヴェルニエ自身が執筆したオリジナルテクストには機械文明の描写、フランス本国の教科書との共通点等の様々な特徴が含有されていた。そして上記の内容に基づいたオリジナルテクスト以外に、マリア会の教育理念に基づいたオリジナルテクストを多数掲載し、原文読解を通してマリア会の教育理念を秘かに学生達へ浸透させていた事であった。

　もう1点はエミール・ヘックが、東京大学文学部仏文学研究室で長年にわたりフランス文学の講義と論文指導を行った事である。エミールの研究指導により、多数のフランス文学研究者を輩出させ、東京大学及び京都大学の門下生の活躍を通して20世紀半ば迄の国内におけるフランス文学研究の方向性を先導する事に成功した。

あとがき.

　本書は、筆者が宇都宮大学の修士課程から名古屋大学の博士後期課程で行った研究内容を1冊の書籍として纏めたものである。

　1学年につき約160名程度の小規模な教育機関で行われたフランス語教育と暁星学園が独自に刊行を行っていたフランス語教科書等をテーマにした学術研究書を完成出来るのだろうか？という不安を抱いていなかった訳ではない。

　しかしながら、120年以上の歴史を持つ暁星学園と暁星学園の母体となるマリア会には学校誌や教科書、そして報告書等の様々な資料が存在していた事により、研究を進めていく事が出来た。

　筆者が幼少期から10代後半にかけて在学していた暁星学園で近年、第1外国語としてのフランス語の受講生が減少する事に伴い、フランス語の授業数が減少していく状況を暁星学園の関係者の方々が伝えていただいた事が本書を執筆したきっかけとなっている。

　グローバル化による英語教育の強化が行われていく事は時代の流れとして真摯に受け止めなければならない。その反面、筆者は上記の状況を考慮した上で、「暁星学園のフランス語教育を学術研究の観点から、次世代に継承させて行きたい。」という願望を最初から最後迄、絶やさなかった事が本書の完成へと結びついたのであろう。

　私見を述べると、やはり研究のスタート時期である宇都宮大学の修士課程時代に吉田一彦先生、高際澄雄先生、佐々木一隆先生、鎌田美千子先生の各研究室を訪ね、研究方法と研究の楽しさをご教授いただいた事により、名古屋大学の博士後期課程に進学してからは挫折する事なく、独自に研究を進める事が出来た。本誌を借りて感謝を申し上げる次第である。

　また、家族であり理解者でもある中村能康さん、中村わくりさん、中村秀康さん、そして叔父である中村茂久さんにも感謝を申し上げる次第である。

　最後に筆名・中村深海（なかむらふかみ）名義で、『映画俳優　平田昭彦』（2013年）と『永遠の東宝映画俳優』（2014年）の出版に続き本書の出版を許可していただいた代表取締役の熊谷正司様、そして原稿の細かい点についてご助言を下さった熊谷健司様と、お手伝いして下さった社員の方々に深く御礼を申し上げたい。

　皆様、本当にありがとうございました。

2015年7月20日
中村　能盛

著者紹介
中村能盛（なかむら　よしもり）

１９８１年３月８日、東京都大田区生まれ。
幼少時より暁星学園でフランス語を学習する。
名古屋大学大学院文学研究科西洋文学・西洋言語講座／博士後期課程出身。
研究テーマはフランス語教育学、フランス文学、表象文化学。
フリーランスでフランス語講師を行う。
趣味は旅行、カフェ、読書。
現在迄に、筆名／中村深海（なかむらふかみ）名義で『映画俳優平田昭彦』〔くまがい書房〕、『永遠の東宝映画俳優』〔くまがい書房〕などの単著を出版。

追憶の暁星

発行日　２０１５年８月２０日　初版第１刷

著者　　中村能盛

発行者　熊谷正司

発行所　くまがい書房
秋田県秋田市中通６丁目４番２１号
TEL ０１８－８３３－２２２０
FAX ０１８－８３３－６７３２

印刷・製本（株）くまがい印刷

乱丁・落丁本はお手数ですが、小社宛までお送りください。送料は小社負担にてお取替え致します。

ISBN978-4-9907035-5-4